JN056996

不確実性の理論家たち

バーガーとグディカンスト

西田 司

Communication Theorists

Berger, Gudykunst, and Others

八朔社

カバーデザイン＝徳宮　峻

まえがき

　初期のコミュニケーションにおける不確実性に興味を持ち，チャック・バーガーとビル・グディカンストという理論家たちの後を追った。

　本書では，その足跡を理論，概念，尺度，アプリケーションの順に振り返る。

　2人のテーマは不確実性である。バーガーが不確実性の減少をテーマとして不確実性減少理論を構築し，グディカンストは，独自の概念を増やし，不安と不確実性の制御をテーマとして不安／不確実性制御理論を構築した。グディカンストの理論には，効果的なコミュニケーション理論と異文化の調整理論の2つがある。

　バーガーらの理論の主要テーマは予測であり，影響を受けたのは，シャノン＆ウィーヴァーの情報理論と，ハイダーの帰属理論である。

　初期のコミュニケーションでは，人は不確実性を経験する。初対面の人との間の主たる関心事は，互いの不確実性を減少させることである。換言すれば，それは，予測の確率を向上させることであり，それにはコミュニケーションが主たる手段である。共有する情報の量と質は，時間によって変化するというのがこの理論の仮説である。

　バーガーらの不確実性減少理論には，言葉によるコミュニケー

ションの量，非言語による好意の表出，相手に関する情報の収集行動，コミュニケーションコンテクストの親密さ，メッセージの相互交換，類似，好意，共有するネットワーク，逸脱行動，刺激的価値，という10の概念が含まれている。

　グディカンストは，不安と不確実性がコミュニケーション行動に直接的に影響する，それぞれ上限と下限がある，マインドフルの状態であることにより，不安と不確実性を上限と下限の間に制御することができ，効果的なコミュニケーションが可能になるという。
　集団間の初期のコミュニケーションでは，少なくとも1人はストレンジャーである。新しい内集団との経験は，ストレンジャーにとって，危機の連続である。集団コミュニケーションにおいて，不確実性と不安は，独立的に作用するという。

　不安／不確実性制御理論（2つの理論を合わせれば，以下の倍の数字になる）には，47の公理があり，7つの領域に分類されている。それらは，自己と自己概念の領域に6つの公理，動機の領域に5つの公理，ストレンジャーへの反応の領域に7つの公理，社会カテゴリーの領域に7つの公理，状況的プログラムの領域に5つの公理，ストレンジャーとの関係に7つの公理，不安・不確実性・マインドフル・効果的コミュニケーションの領域に10の公理である。

　不確実性を測定する尺度は，クラターバックの「予測の不確実性」を始めとして，グディカンスト，西田，ダグラス，ケラーマンによる8つの尺度について論じた。

　グディカンストとの共同研究を2編載せた。1つのテーマは，不安と不確実性と認知されたコミュニケーションの効果で，もう1つのテーマは個人の文化アイデンティティの強さである。

　もう1編は，単著論文で，これがバーガーから依頼を受けた不安／不確実性制御理論研究に関する総説論文である。原書で載せる以外に意味がないので，英語にした。

　アプリケーションでは，グディカンストの理論をベースに作られている異文化トレーニングについて，その目標，集団の構成と参加者，ファシリテーターの役割，シミュレーションゲーム，そしてトレーニングの分類について論じた。

　令和6年3月3日

鎌倉にて

西田　司

目　　次

第1章

バーガーらの理論

バーガーらの理論の主要テーマの1つは「予測」である。予測の見方をするのは，シャノン＆ウィーヴァーの情報理論（Shannon & Weaver, 1949）の影響による。たとえば，複数のコミュニケーション行動が考えられる場合，どのコミュニケーション行動をするかという予測をする。複数の選択肢がある場合，どれがベストかを予測する。予測する能力が弱ければ，不確実性は高くなる。

　具体的には，選択肢の数が多いとき，あるいは選ばれる確率がほぼ同じであるとき，不確実性は高くなる。逆に，選択肢が少ないとき，あるいは選択肢がほぼ決まっているとき，不確実性は低くなる。

　コミュニケーションをする，それによって不確実性を減少させる。不確実性を減少したところから，人間関係が生まれる。

　バーガーらの理論に影響を与えるもう1つの理論は，ハイダーの帰属理論（Heider, 1946）である。なぜそのようなコミュニケーション行動をするかについて，人は理由を探るものであるとハイダーはいう。また，人はコミュニケーション行動を説明し，予測もするという。

　初期のコミュニケーション行動においては，2種類の不確実性があるといわれる。1つは知覚の不確実性であり，もう1つは行動の不確実性である（Berger, 1979; Berger & Bradac, 1982）。

　知覚とは，信念や態度である。つまり知覚的不確実性とは，信念や態度に対する不確実性である。たとえば，仕事は好きか，何が楽しいか，何が悲しいのか，何に腹が立つのかといった情報は，知覚的不確実性を減少させることにつながる情報である。

　行動的不確実性とは，特定の状況における，コミュニケーショ

ン行動の予測に関する不確実性である。たとえば，握手をすべきか，おじぎをすべきか，誰が支払うべきかといった情報は，行動的な情報であり，行動的不確実性を減少させることにつながる情報である。アメリカ人に関して行われた自己開示の調査から，彼らの間には一定のルールがあることが明らかになっている（Berger & Bradac, 1982）。それゆえに，ルールに則さない自己開示が行われると，行動的不確実性は増加する。

仮　説

　理論の構築には，構築する人の考え方が反映する。バーガーらの理論も例外ではない。7つの仮説に基づいて，考え方が述べられている（Berger and Calabrese, 1975）。

(1) 初期のコミュニケーションでは，不確実性を経験する。つまり，不確実感，いらいら，不安を経験する。

(2) 不確実性の存在する状況は「嫌な」状況であり，知覚的ストレスが生じる。そのような状況では，情緒的にも，心理的にも，多大なエネルギーを使う。

(3) 初対面の人との間の主たる関心事は，互いの不確実性を減少させることである。別の言い方をすれば，主たる関心事は，予測の確率を向上させることである。

(4) 対人コミュニケーションは，親密化のプロセスである。親密化のプロセスでは，3つのステージを想定する。第1ステージはエントリーといい，出会った2人のコミュニケーションの始まりである。決まったルールに支配されているステージで，たとえば，「こんにちは」と一方が言えば，相手も同様に言葉を返すというレシプロシティのルールである。第2ステージはパーソナルといい，自然なコミュニケーションが行われ

11

る。その人固有の情報も開示される。第3ステージはエキシットといい，再会するかどうかを決める段階である。

(5) コミュニケーションは不確実性を減少させる主たる手段である。相手の話をよく聞くこと，非言語で対応すること，同じ「言語」（方言，隠語，スラング）を使うことが，不確実性の減少には重要である。

(6) 共有する情報の量と質は，時間により変化する。出会いがあり，互いの情報を共有することにより，不確実性は減少する。

(7) コミュニケーション行動を予測することは可能なことである。ルールに則り，人は行動し，行動を調整する。

公理と定理

公理は証明する必要のない，自明の事柄である。バーガーとカラブリスは，過去の調査結果や一般常識から公理を作成した。その際，因果関係の形で，公理を整理した。つまり不確実性ともう1つの概念の関係を示した。もう1つの概念とは，コミュニケーションの量，非言語による好意の表出，情報の収集，コミュニケーションコンテクストの親密度，レシプロシティ，類似，好意である（Berger & Calabrese, 1975）。たとえば，不確実性とコミュニケーションの量の関係は，次の関係になる。

公理1. エントリーのステージには，高い不確実性が存在するが，出会った2人の間に，言葉によるコミュニケーションの量が増えれば，不確実性は減少する。不確実性が減少すればするほど，言葉によるコミュニケーションの量は増加する。

非言語による好意の表出の関係は，次のようになる。

公理2. 非言語による好意の表出が増加すれば，初期のコミュ

12

ニケーションにおける不確実性は減少する。不確実性
の減少は，非言語による好意の表出の増加につながる。
この２つの公理は，言語および非言語で行われるコミュニケー
ションは，量が増えれば，不確実性は減少するということを意味
する。

非言語による好意の表出は，具体的には，アイコンタクトの時
間，声の明るさ，うなずきの回数，頭と腕によるジェスチャーの
回数，対人距離を意味する。うなずきとジェスチャーの回数は，
通常，１分間の回数をいう。

公理３. 不確実性が高ければ，情報の収集行動を増加させる。
不確実性が減少すれば，情報の収集行動は減少する。

情報は，相手に関する情報を意味し，情報収集の行動とは，
質問する回数を意味している。

公理４. 不確実性が高ければ，コミュニケーションの親密度は
低い。
不確実性が低ければ，コミュニケーションの親密度は
高い。

コミュニケーションの質に関する公理である。コミュニケーショ
ンが親密であるということは，コミュニケーションの内容が互い
の態度や信念，動機，性格に関する内容になるという意味である。

公理５. 不確実性が高ければ，レシプロシティが高い頻度で
起こる。
不確実性が低ければ，レシプロシティは低い頻度で
起こる。

レシプロシティは，メッセージの相互交換の関係をいう。知
り合ったばかりのステージでは，１人が１つのことを開示すれば，

相手もそれに見合うことを1つ開示する。情報の量に偏りが出ないよう，互いに尋ね，答える。この必要性を感じなくなったステージを，ある程度の人間関係が生まれて不確実性が減少したステージという。

　公理6. 2人の間の類似は，不確実性を減少させる。
　　　　　非類似は，不確実性を増加させる。

　職種や性に関し，同じであるよりも違ったほうが，2人の間の不確実性は増加する。たとえば学生同士であれば，そうでない相手よりも不確実性は少ない。しかし学生同士でも，専攻が違っていたり，異性であったりすれば，不確実性は増加する。

　公理7. 不確実性が多ければ多いほど，好意を減少させる。
　　　　　不確実性が少なければ，好意を増加させる。

　公理6との関係から，2人が類似していれば，不確実性は減少し，互いに好意を持つ。この点は，不確実性は減少し，好意は増加するという調査結果に基づいている。

　バーガーとカラブリスの作成した当初の公理は，以上の7つである。これらの公理から，21の定理を作成した。その方法は演繹法で，2つの公理から1つの定理を作成した。つまり，A＝BでB＝Cならば，A＝Cである，という作り方である。たとえば，言葉によるコミュニケーションの量の増加は，不確実性を減少させる。低いレベルの不確実性は高いレベルの親密度を生じさせる。よって，言葉によるコミュニケーションの量の増加と親密度の増加は肯定的な関係にある，となる。もう1つの例は，類似は不確実性を減少させる。不確実性が減少すれば，好意が増加する。よって，類似と好意は肯定的な関係にある（Berger & Calabrese, 1975）。

　バーガーとカラブリスの21の定理は，次のようになる（Berger & Calabrese, 1975）。

定理1．コミュニケーションの言葉の量と非言語による好意の表出は，肯定の関係にある。

定理2．コミュニケーションの量とコミュニケーションの親密度は，肯定の関係にある。

定理3．コミュニケーションの量と情報収集の行動は，反比例の関係にある。

定理4．コミュニケーションの量とレシプロシティの割合は，反比例の関係にある。

定理5．コミュニケーションの量と好意は，肯定の関係にある。

定理6．コミュニケーションの量と類似は，肯定の関係にある。

定理7．非言語による好意の表出とコミュニケーションの親密度は，肯定の関係にある。

定理8．非言語による好意の表出と情報収集は，反比例の関係にある。

定理9．非言語による好意の表出とレシプロシティの割合は，反比例の関係にある。

定理10．非言語による好意の表出と好意は，肯定の関係にある。

定理11．非言語による好意の表出と類似は，肯定の関係にある。

定理12．コミュニケーションの親密度と情報収集は，反比例の関係にある。

定理13．コミュニケーションの親密度とレシプロシティの割合は，反比例の関係にある。

定理14．コミュニケーションの親密度と好意は，肯定の関係にある。

定理 15. コミュニケーションの親密度と類似は，肯定の関係に
ある。

定理 16. 情報収集とレシプロシティの割合は，肯定の関係にあ
る。

定理 17. 情報収集と好意は，否定の関係にある。

定理 18. 情報収集と類似は，否定の関係にある。

定理 19. レシプロシティの割合と好意は，否定の関係にある。

定理 20. レシプロシティの割合と類似は，否定の関係にある。

定理 21. 類似と好意は，肯定の関係にある。

理論の進展

　初期のコミュニケーションにおける主たる関心事は，不確実
性の減少である（Berger, 1979）。不確実性の減少は，相手のコ
ミュニケーション行動を予測する能力と，相手のコミュニケーシ
ョン行動を説明する能力という2つを問題にしている（Berger &
Calabrese, 1975）。つまり不確実性の減少は，先行学習による予
測（順行予測）と，相手の行動の説明（逆行説明）によって左
右される。

　不確実性を減少させようとする動機には，（1）もう一度会うこ
とがわかっているとき（再度の交流），（2）欲しいものを相手が
持っているとき（報酬），（3）相手が変な行動をするとき（期待違
反）の3点がある（Berger, 1979）。

　不確実性を減少させるには，（1）相手を観察する，受け身的
な方策，（2）相手のことについて第三者に尋ねる，行動的な方策，
（3）直接に顔を合わせる，相互作用の3つの方策がある（Berger,
1979）。コミュニケーションをする中で，自己開示や質問をして，
互いの情報を手に入れる。これらの方策を使っても，不確実性

はいつも減少するわけではない。質問の中に，不適切で，無神経な内容が含まれていれば，不確実性は増加する。

　初期のコミュニケーションを説明する目的で構築された理論であるが，不確実性を減少させたいという要求は，そこで止まらない。相手に関する知識を増加させ，相手の理解を深めるコミュニケーションのプロセスは，人間関係の親密化と崩壊のプロセスそのものであり，初期の段階だけでなく，親密な人間関係を視野に入れたものでなければならない（Berger, 1979; Berger & Bradac, 1982）。

　恋愛の関係にある人の情報ネットワークと不確実性に関する研究が行われた。この研究が，新しく公理8の追加につながった（Parks & Adelman, 1983）。

公理8. 共有するコミュニケーションのネットワークは，不確実性を減少させる。

　　　　一方，共有するネットワークの欠如は，不確実性を増加させる。

　公理が1つ追加され，それに伴い，定理が7つ追加された。

定理22. 共有するコミュニケーションのネットワークと言葉によるコミュニケーションの量は，肯定の関係にある。

定理23. 共有するコミュニケーションのネットワークと非言語による好意の表出は，肯定の関係にある。

定理24. 共有するコミュニケーションのネットワークと情報収集は，反比例の関係にある。

定理25. 共有するコミュニケーションのネットワークとコミュニケ

ーションの親密度は，反比例の関係にある。

定理26. 共有するコミュニケーションのネットワークとレシプロシティの割合は，反比例の関係にある。

定理27. 共有するコミュニケーションのネットワークと類似は，肯定の関係にある。

定理28. 共有するコミュニケーションのネットワークと好意は，肯定の関係にある。

　親密な人間関係に関する研究は他にも行われた。たとえば，恋愛関係にある2人の不確実性の減少は，初期のステージに関するバーガーの説明と同様だった（Planalp, 1987; Planalp, Rutherford, & Honeycutt, 1988）。既婚者の調査についても，同様の結果が報告されている（Turner, 1990）。

　逸脱行動と刺激的価値という2つの概念が，不確実性に関連づけられた（Kellerman & Reynolds, 1990）。相手の逸脱行動は不確実性を増加させる，相手の刺激的価値は不確実性を減少させる，この2つが仮説として提案された。しかし第3の公理を取り除くべきだと発言している。その理由は，情報収集は不確実性に直接関係せずに，不確実性の許容の低さが情報収集の行動に導くからであるという。

公理9. 相手の逸脱行動が多くなればなるほど，不確実性は増加する。

公理10. 相手の刺激的価値が大きければ大きいほど，不確実性は減少する。

定理29. 逸脱行動と好意は，否定の関係にある。

定理 30.　刺激的価値と好意は，肯定の関係にある。

定理 31.　逸脱行動と親密度は，否定の関係にある。

定理 32.　逸脱行動と知覚された類似は，否定の関係にある。

定理 33.　逸脱行動と言葉によるコミュニケーションの量は，否定の関係にある。

定理 34.　刺激的価値と親密度は，肯定の関係にある。

定理 35.　刺激的価値と知覚された類似は，肯定の関係にある。

定理 36.　刺激的価値とコミュニケーションの量は，肯定の関係にある。

　公理 3 を除き，すべての公理は，ハイコンテクストの文化における初期のコミュニケーションおよび親密な人間関係に当てはまる。この点は，バーガーとグディカンストの論文で明らかにされた (Berger & Gudykunst, 1991)。しかし，不確実性減少理論で示されている定理の支持あるいは不支持の判定結果は一様ではない。これは少なくとも，演繹法で作成したことが何らかの影響を及ぼしていると考えられる。つまり，定理で述べられている関係には，他の変数が中間にあるのかもしれないのである。

　異文化間のコミュニケーションへの展開について，グディカンストの調査グループは，いくつかの報告をした。見いだした点の 1 つは，日本，韓国，中国において，不確実性の減少は必ずしも魅力につながらないということである (Gudykunst, Chua, & Gray, 1987; Gudykunst & Nishida, 1984; Gudykunst, Yang, & Nishida, 1985)。アメリカ人は直接的な話し方を好み，言葉で表された意味をそのまま理解する傾向がある一方，日本人，韓国人，中国人は間接の表現を重視し，言葉で表された内容よりも，非言語

や文脈の中の意味を理解することを期待する傾向がある，と報告された (Gudykunst & Nishida, 1986a)。また，コミュニケーションの量について，アメリカ人の間では不確実性の減少を予測することができるが，日本人の間ではそうは言えないと報告された (Gudykunst & Nishida, 1984, 1986b)。

不確実性の減少のためのストラテジーに関する研究からわかったことは，コミュニケーションの初期行動における情報の約50％は，年齢などの表面的情報と，相手の物事に対する態度に関する情報ということであった (Berger & Kellermann, 1985)。

対人魅力との関係においては，不確実性の減少は必要であるが，好意が生じるにはそれだけでは十分ではないということであった (VanLear & Trujillo, 1986)。

引用文献

Berger, C. R. (1979). Beyond initial interactions. In H. Giles & R. St. Clair (Eds.), *Language and social psychology*. Oxford, UK: Blackwell.

Berger, C. R., & Bradac, J. (1982). *Language and social knowledge*. London: Edward Arnold.

Berger, C. R., & Calabrese, R. (1975). Some explorations in initial interactions and beyond: Toward a developmental theory of interpersonal communication. *Human Communication Research, 1*, 99-112.

Berger, C. R., & Gudykunst, W. B. (1991). Uncertainty and communication. In B. Dervin & M. Voigt (Eds.), *Progress in communication sciences (Vol. 10)*. Norwood, NJ: Ablex.

Berger, C. R., & Kellermann, K. (1985). To ask or not to ask: Is that a question? In R. N. Bostrom (Ed.), *Communication Yearbook 7*, Beverly Hills, CA: Sage.

Gudykunst, W. B., Chua, E., & Gray, A. (1987). Cultural dissimilarities and uncertainty reduction processes. In M. McLaughlin (Ed.), *Communication Yearbook 10*. Newbury Park, CA: Sage.

Gudykunst, W. B., & Nishida, T. (1984). Individual and cultural influences on uncertainty reduction. *Communication Monographs, 51.*, 23-36.

Gudykunst, W. B., & Nishida, T. (1986a). Attributional confidence in low- and high-context cultures. *Human Communication Research, 12*, 525-549.

Gudykunst, W. B., & Nishida, T. (1986b). The influence of cultural variability on perceptions of communication behavior associated with relationship terms. *Human Communication Research, 13*, 147-166.

Gudykunst, W. B., Yang, S. M., and Nishida, T. (1985). A cross-cultural test of uncertainty reduction theory: Comparison of acquaintances, friends, and dating relationships in Japan, Korea, and the United States. *Human Communication Research, 11*, 407-454.

Heider, F. (1946). Attitudes and cognitive organization. *Journal of Psychology, 21*, 107-112.

Kellerman, K., & Reynolds, R. (1990). When ignorance is bliss: The role of motivation to reduce uncertainty in uncertainty reduction theory. *Human Communication Research, 17*, 5-75.

Parks, M., & Adelman, M. (1983). Communication networks and the development of romantic relationships. *Human Communication Research, 10*, 55-80.

Planalp, S. (1987). Interplay between relational knowledge and events. In R. Burnet, P. McGhee, & D. Clarke (Eds.), *Accounting for relationships: Social representations of interpersonal links*. London: Methuen.

Planalp, S., Rutherford, D., & Honeycutt, J. (1988). Events that increase uncertainty reduction in personal relationships. *Human Communication Research, 14*, 516-547.

Shannon, C., & Weaver, W. (1949). *The mathematical theory of communication*. Urbana: University of Illinois Press.

Turner, L. H. (1990). The relationship between communication and marital uncertainty: Is "her" marriage different from "his" marriage? *Women's Studies in Communication, 13*, 57-83.

VanLear, C. A., & Trujillo, N. (1986). On becoming acquainted: A longitudinal study of social judgment processes. *Journal of Social and Personal Relationships, 3*, 375-392.

第2章

グディカンストの理論

理論の仮説

　実証主義者のウィリアム・グディカンストは，不確実性減少理論を集団レベルの分析に用いた（Gudykunst, 1988）。つまり，集団と集団のコミュニケーションにおける不確実性と不安の減少の説明に，不確実性減少理論を用いたのである。論文で示した公理は，理論の最初のバージョンとなったが，6つの仮説を置いた。

(1) 集団間の初期のコミュニケーションでは，少なくとも1人はストレンジャーである。

(2) 新しい内集団との経験は，ストレンジャーにとり，危機の連続である。ストレンジャーは行動の仕方について，知覚的に不確かである。また，平常心を喪失する。知覚的不確実性と不安を経験する。

(3) 集団コミュニケーションにおいて，不確実性と不安は，相互に作用する。

(4) ストレンジャーの行動は，気づきの高いレベルのときに起こる。

(5) 集団間のコミュニケーションには，集団間と個人間の両方が影響を及ぼす。

(6) 他の集団成員の行動を説明するとき，ストレンジャーは集団の影響を過大評価する。

　主たる概念は，ストレンジャーである。ビルはストレンジャーという概念を，自己と同一集団の成員とのコミュニケーション，異なる集団の成員とのコミュニケーションの両者を説明することのできる概念として選んでいる。ストレンジャーを中心に，不確実性，

不安，効果的コミュニケーション，マインドフルという概念が，理論を構成する概念である。

　知覚的不確実性と行動的不確実性の分類以外に，バーガー＆カラブリスは予測的不確実性と説明的不確実性の分類も行っている（Berger & Calabrese, 1975）。予測的不確実性とは，ストレンジャーの態度，感情，信条，価値，行動を予測するときに生じる不確実性であり，説明的不確実性とは，ストレンジャーの態度，感情，思考を説明するときに生じる不確実性である。

　不確実性は，人間関係の初期段階だけではなく，すべての段階に生じる。そして不確実性は許容の範囲，つまり上限と下限が存在する（Gudykunst, 1995）。上限を上回ると，ストレンジャーのコミュニケーション行動を予測し説明するのに十分な情報を持っていないと思い，自信を失い，時として，コミュニケーションを止めてしまう。下限を下回ると，予測する自信が高い状態になって，倦怠感を生むことになる。コミュニケーションをすることに無頓着になる，興味を失う，といった状態ということもできる。一方，自信の高いことは，必ずしも予測の正確さを意味しない。つまり，誤解することを気にしないから，それだけ注意を払わなくなり，それで誤解が生まれることになる。

　不安は，不確実性の情動の面である。不安は，否定的結果が予測される状況に対する，情動的な反応であるとステファンらはいう（Stephan & Stephan, 1985）。不安にも，上限と下限がある。不安の上限を超えるというのは，ストレンジャーとのコミュニケーションに高い不安を経験し，目の前にいる相手に十分注意を払

わなくなることである。情報処理が簡略化されるのである。つまり，目の前にいる人物に関する情報とは関係なく，相手の集団に対するステレオタイプに基づいた解釈と予測をしてしまうのである（Gudykunst, 1995）。

否定的な期待から，不安は生まれる。否定的な期待とは，否定されることを予期し，予測することをいう。つまり否定されることを予期し，予測する，そこに不安が生じるというわけである。自己概念に対する否定的な期待や予測，自分の行動に対する否定的な期待や予測，ストレンジャーからの否定的な期待や予測，内集団の成員からの否定的な期待や予測。この4つの否定的な期待や予測を，アメリカ人は恐れるという（Stephan & Stephan, 1985）。

コミュニケーションの定義は「メッセージの交換と意味の創造」である。効果的なコミュニケーションとは，送り手の意味に極めて近い意味を受け手が受け取ることである，とグディカンストはいう（Gudykunst, 1995）。換言すれば，誤解を最小限にすることが効果的なコミュニケーションである，ということになる。異文化コミュニケーションは，異なる文化背景を持つ人物からのメッセージを受け取るので，自己の文化的コンテクストで解釈し，誤解してしまう問題が起こる。問題が起こっていることに気づかない場合も多い。

グディカンストの導入したもう1つの概念は，「マインドフル」である（Gudykunst, 1995）。人は，自己の行動を意識せずに行動することが多い。つまり自動的に行動してしまっていることが多く，相手のメッセージに対して十分に意識を向けているとは言いがた

い。メッセージの処理には，注目，気づき，意図，制御といった
点が重要になるが，それぞれは必ずしも理想的なレベルにあるわ
けではない。自動的に行動してしまう，あるいは自動的にメッセ
ージを処理してしまうという場合，それらのレベルが低いという
ことになる。

　メッセージの処理に意識を向ける，その状態をマインドフルと
いう概念で説明したのがランガー（Langer, 1989）だった。それを，
グディカンストが自己の理論に導入した。マインドフルの状態に
あるということは，
（1）新しいカテゴリーの創造
（2）新しい情報へのオープン性
（3）1つ以上の見方への気づき
の状態にあるという意味である。
　たとえばマインドフルであれば，メッセージの解釈において，
より多くのカテゴリー化を行う。マインドフルでなければ，相手
の集団としての文化背景，人種，性別，社会的立場と役割といっ
たカテゴリーだけに頼り，相手からのメッセージを解釈する。
さらに細かいカテゴリー化を行い，メッセージを解釈すれば，よ
り正確なコミュニケーションをすることができるようになる。つま
り，相手のコミュニケーション行動が予測できれば，用いる情報
がより個人化し，予測がそれだけ正確になる（Gudykunst, 1995）。

初期の公理

　グディカンストはいくつかの段階を経て，94の公理を得るのだ
が，最初に発表したのは，以下の13の公理であった（Gudykunst,
1988）。集団間の交流における不確実性と不安の減少を説明した

ときに作成したものである。

公理1. 母語へのアイデンティティの強さは，帰属的自信と不
安を増加させる。

公理2. 肯定的期待は，帰属的自信を増加させ，不安を減少
させる。

公理3. 集団間の類似は，帰属的自信を増加させ，不安を減
少させる。

公理4. ネットワークの共有は，帰属的自信を増加させ，不安
を減少させる。

公理5. 対人的に重要な事柄の増加は，集団的非類似の効果
を緩和させ，不安を減少させ，帰属的自信を増加させ
る。

公理6. 第二言語能力の増加は，帰属的自信を増加させ，不
安を減少させる。

公理7. 自己モニタリングの増加は，帰属的自信を増加させ，
不安を減少させる。

公理8. 知覚的複雑性の増加は，帰属的自信を増加させ，不
安を減少させる。

公理9. 曖昧性許容の増加は，帰属的自信を増加させ，不安
を減少させる。

公理10. ストレンジャーの帰属的自信の増加は，不安を減少
させる。

公理11. ストレンジャーを経験する不安の減少は，集団間の
適応とコミュニケーション効果を増加させる。

公理12. 集団的価値の増加は，帰属的自信の相違を増加させ
る。

公理 13. 不確実性回避の増加は，不安を増加させる。

　これらの 13 の公理には，グディカンスト独自の概念が含まれており，異文化間の適応に焦点が当てられている (Gudykunst & Hammer, 1988)。つまりこれらの公理は，不確実性減少理論への批判として，独自の概念を導入したものである。その 1 つは，不安，つまり，不確実性減少理論について批評する中で，情動を理論に組み入れたことである。次に，個人，対人，集団，文化という 4 つの分析レベルを導入した。さらに，不確実性をコミュニケーションの結果に関連させた。つまりコミュニケーションの効果と適応を導入した。

　13 の公理から成るこの初期の理論 (Gudykunst, 1988) を効果的な集団間コミュニケーションの説明にも用いた。さらにグディカンストは，説明的不確実性を減少させ，不安を制御するには，マインドフル (Langer, 1989) の能力が必要であるとの議論を行った (Gudykunst, 1991)。説明的不確実性の減少と不安の制御は，効果的なコミュニケーションに必要であり，不確実性指向 (Sorrentino & Short, 1986) という概念を導入したのもこのときである。

　次にグディカンストは，不確実性と不安の増加と減少について論じた (Gudykunst & Kim, 1992)。不確実性と不安は，時間の経過とともに，一定して増加あるいは減少するものではない。つまり，ストレンジャーとコミュニケーションをするたびに，不確実性が減少するものではない。初対面のときに不確実性を減少させることができても，2 回目に会ったとき，何かが起こることもありうる。たとえば予期していなかったことが起こり，不確実性が増

加することもある。

　人間関係が形成され，その関係の中で，相手との不確実性と不安は上下する。人間関係が密になれば，不確実性と不安は減少する。たとえばストレンジャーとの関係よりも，知人との関係において，より少ない不確実性と不安を経験する。また，知人の関係よりも友人の関係において，より少ない不確実性と不安を経験する。つまり，どの関係の，どのステージにおいても不確実性と不安は上下するのである。

　たとえばダグラスは，コミュニケーションの初期行動における不確実性の減少について調査した（Douglas, 1990）。その結果によると，ストレンジャーとの最初の6分間に，不確実性は減少する。また新しい関係にある相手とは，第1週から第2週にかけて，不確実性は減少するという報告もある（Van Lear & Trujillo, 1986）。しかしながら時間の経過と，不確実性と不安の減少には，一定の傾向を示す結論は出ていない。人間関係において，常に不確実性は減少するというものではないというのが，不確実性減少理論に対する主たる批判の1つである。

　不確実性はいつも減少するというものではないという点を支持する研究結果は，他にもある。たとえば，すでに自分が理解している相手に関する情報との不一致が起こったとき，あるいは，相手に関して持っている知識が壊れたとき，不確実性は増加する。人間関係において，人は不確実性の増加した出来事を覚えているという。このような出来事には，競争関係にある人に関する情報の習得，別れる説明もない突然の接触の喪失，期待しなかった性的行動を知ること，うそを見破ること，相手の性格あるいは価値観の変化，相手の信用を裏切ることが含まれた。こ

の研究から，不確実性を増加させる出来事の大半は，人間関係の崩壊あるいは親密さの減少につながるものであるが，出来事のいくつかは関係を親密にさせることが明らかになった（Planalp & Honeycutt, 1985）。また，不確実性を増加させる出来事は必ずしも関係に否定的な影響を与えるものではない（Planalp, Rutherford, & Honeycutt, 1988）。アメリカ国内の人種間の人間関係においても，上記の結果は支持されている（Sodetani & Gudykunst, 1987）。

　不確実性と不安をまったくなくすことができる，と思う人はいないだろう（Gudykunst & Kim, 1992）。しかし不確実性と不安が高すぎると，効果的なコミュニケーションは望めない。不確実性と不安が高すぎると，ストレンジャーからのメッセージを正確に解釈することができなくなり，また，ストレンジャーの行動を正確に予測することができなくなるからである。そこで，問題になるのは，不確実性と不安の上限と下限の問題である。

　ストレンジャーとのコミュニケーションにおいて経験することであるが，不確実性と不安が上限を上回ると，コミュニケーションの効果について心配するようになる。コミュニケーションには明確な基準とルールがほとんどの状況に存在し，不確実性は上限までいかないものである。しかし不確実性と不安が上限でなくても，効果的にコミュニケーションをするには高すぎることはあり得る。不確実性と不安のこのレベルは，ストレンジャーの行動を正確に解釈し予測するためには，もっと低くなければならない。不安が高すぎると，自動操縦的なコミュニケーションになり，自己の持つ文化フレームによって，ストレンジャーの行動を解釈してし

まうことになる（Gudykunst & Kim, 1992）。また，不確実性と不安が低すぎると，コミュニケーションをしようとする動機が低くなる。たとえば，ある人物との関係において不確実性と不安が下限を常に下回るならば，その人物との関係は退屈したものになる。

このような議論を踏まえ，グディカンストは，初期の理論から「客観的」および「主観的」の両者を含めたアプローチを試みた。コミュニケーション効果の向上，人間関係の形成，異文化への適応といった側面に対応する理論を目指し，予測的および説明的不確実性，グローバルな不確実性，不確実性指向，不確実性の許容といった概念を導入した。

1988 年に発表した初期の理論について，グディカンストは，現象を説明する概念の中で，基本的な概念と，そうでない概念を区別しなければならないという考え（Lieberson, 1985）を取り入れる。彼はもともと，不確実性と不安を，コミュニケーションの効果と適応に影響を及ぼす基本的な概念と考えていた。したがって，アイデンティティや肯定的な期待，類似性といった概念は表面的な概念ということになる。つまり，アイデンティティや肯定的な期待，類似性は不確実性と不安に影響を及ぼすが，結果に対して直接的に関係してはいない。不確実性と不安がその中間に存在するという意味である。適応のプロセスの調査において，この仮説は証明されている（Gao & Gudykunst, 1990）。

初期の理論は，上述したように，13 の公理から成っている。9 番までの公理は表面的な概念，10 番と 11 番の公理は基本的な概念である。12 番と 13 番の公理は，理論に含まれる概念への文化的影響について説明している公理である。不安／不確実

性制御理論（AUM 理論）は，効果的なコミュニケーション理論
と，異文化の調整理論の2つで構成されている。

AUM 理論：効果的なコミュニケーション理論

　グディカンストの AUM 理論は，不確実性の上限と下限，不安
の上限と下限，マインドフルネス，効果的なコミュニケーションと
いう観点を含み，47 の公理として発表された。これらの公理は，
7つの領域に分類されていて，順に，自己と自己概念の領域に6
つの公理，動機の領域に5の公理，ストレンジャーへの反応の
領域に7つの公理，社会カテゴリーの領域に7つの公理，状況
的プロセスの領域に5つの公理，ストレンジャーとの関係に7つ
の公理，不安・不確実・マインドフル・効果的コミュニケーショ
ンの領域に 10 の公理，合計 47 の公理である。

［自己と自己概念］
　公理1. ストレンジャーとの交流で，社会アイデンティティの増
　　　　加は，不安の制御能力の増加と行動予測の自信を増
　　　　加させる。
　公理2. ストレンジャーとの交流で，個人アイデンティティの増
　　　　加は，不安の制御能力の増加と行動予測の自信を増
　　　　加させる。
　公理3. ストレンジャーとの交流で，独立的自己の増加は，不
　　　　確実性の減少のために，個人に関する情報のよりどこ
　　　　ろとなる。
　公理4. ストレンジャーとの交流で，内集団の自尊心の増加は，
　　　　不安の増加となり，行動の予測能力を減少させる。
　公理5. ストレンジャーとの交流で，自尊心の増加は，不安の

制御能力を増加させる。

　公理6. ストレンジャーとの交流で，恥の増加は，不安の制御
　　　　能力と行動の予測能力を減少させる。

［動　機］

　公理7. ストレンジャーと交流するとき，集団へのインクルージ
　　　　ョン欲求の増加は，不安を増加させる。

　公理8. ストレンジャーと交流するとき，自己概念の保持欲求
　　　　の増加は，不安を増加させる。

　公理9. ストレンジャーと交流するとき，自己概念の承認欲求
　　　　の増加は，不安を減少させる。

　公理10. ストレンジャーと交流するとき，行動の予測能力の増
　　　　　加は，不安を減少させる。

　公理11. ストレンジャーと交流するとき，個人的および社会的
　　　　　アイデンティティの安心意識の増加は，不安を減少さ
　　　　　せ，行動予測の自信を増加させる。

［ストレンジャーへの反応］

　公理12. ストレンジャーの情報を処理する能力の増加は，コミ
　　　　　ュニケーション行動の予測能力を増加させる。

　公理13. ストレンジャーの態度の硬直性の増加は，不安の増
　　　　　加と，コミュニケーション行動予測能力を減少させる。

　公理14. ストレンジャーと交流するとき，自己モニタリングの増
　　　　　加は，不安の制御能力の増加と，行動予測の自信を
　　　　　増加させる。

　公理15. ストレンジャーと交流するとき，曖昧性の許容能力の
　　　　　増加は，不安の制御能力を増加させる。

公理 16. ストレンジャーに感情移入する能力の増加は，行動
　　　　の予測能力を増加させる。

公理 17. ストレンジャーによるコミュニケーション行動の調節
　　　　の増加は，不安を減少させ，行動予測の自信を増加
　　　　させる。

公理 18. ストレンジャーへのコミュニケーションの適応の増加
　　　　は，不安の制御能力の増加と，行動予測の自信を増
　　　　加させる。

[社会カテゴリー]

公理 19. 内集団と外集団の間において，類似と相違の理解は，
　　　　不安の制御能力と行動の予測能力を増加させる。

公理 20. 自己とストレンジャーの間に認知する個人的類似の
　　　　増加は，不安の制御能力と行動の予測能力を増加さ
　　　　せる。

公理 21. ストレンジャーが自分と同じカテゴリーに分類される
　　　　ことが増加すれば，ストレンジャーの行動を予測す
　　　　る能力を増加させる。

公理 22. ストレンジャーの行動を帰属させる度合いの増加は，
　　　　不安の制御能力の減少と，行動の予測能力を減少さ
　　　　せる。

公理 23. ストレンジャーの知覚する差異の増加は，不安の制
　　　　御能力の増加と，行動の予測能力を増加させる。

公理 24. ストレンジャーの行動に関する肯定的期待の増加は，
　　　　不安を減少させ，行動予測の自信を増加させる。

公理 25. 肯定的期待に対するストレンジャーの違反への気づ
　　　　き，あるいは，否定的期待の承認の増加は，不安

の減少と行動予測の自信を減少させる。

[状況的プロセス]

公理 26. ストレンジャーと交流するためのスクリプトのコンプレキシティの増加は，不安を減少させ，コミュニケーション行動の予測自信を増加させる。

公理 27. ストレンジャーとの交流での非公式の増加は，不安を減少させ，行動予測の自信を増加させる。

公理 28. ストレンジャーと働く職場で，目的に関する協調的構造の増加は，不安を減少させ，行動予測の自信を生じさせる。

公理 29. ストレンジャーとの交流で，規範的および組織的な支持の増加は，不安を減少させ，行動予測の自信を増加させる。

公理 30. ストレンジャーと交流する場では，内集団の割合の増加は，不安を減少させる。

[ストレンジャーとの関係]

公理 31. ストレンジャーへの魅力の増加は，不安を減少させ，行動予測の自信を増加させる。

公理 32. ストレンジャーに対するモラルインクルーシヴの増加は，不安の制御能力を増加させる。

公理 33. ストレンジャーに対する尊敬の増加は，不安の制御能力を増加させ，行動の予測能力を増加させる。

公理 34. ストレンジャーの集団との接触の量と質の増加は，不安を減少させ，行動の予測能力を増加させる。

公理 35. ストレンジャーとの相互依存の増加は，不安を減少

36

させ，行動予測の自信を増加させる。

公理 36. ストレンジャーとの親密さの増加は，不安を減少させ，行動予測の自信を増加させる。

公理 37. ストレンジャーと共有するネットワークの増加は，不安を減少させ，行動予測の自信を増加させる。

[不安・不確実性・マインドフル・効果的コミュニケーション]

公理 38. ストレンジャーに関する適切な情報を収集する能力の増加は，コミュニケーション行動の予測能力を増加させる。

公理 39. ストレンジャーの行動を描写する能力の増加は，行動の予測能力を増加させる。

公理 40. ストレンジャーの集団に関する理解の増加は，不安の制御能力と，行動の予測能力を増加させる。

公理 41. ストレンジャーの言葉（方言，隠語，スラング）に関する知識の増加は，不安を減少させ，行動の予測能力を増加させる。

公理 42. ストレンジャーとの交流で，新しい情報への開放性は，行動の予測能力を増加させる。

公理 43. ストレンジャーを新しいカテゴリーに入れる能力（あるいは他の成員と異なることを認識する能力）の増加は，行動の予測能力を増加させる。

公理 44. メッセージを解釈するとき，ストレンジャーの用いる見方に気づくことの増加は，行動の予測能力を増加させる。

公理 45. ストレンジャーとの交流において，上限を上回る不安の増加あるいは下限を下回る不安の減少は，行動の

予測能力を減少させる。

公理 46. ストレンジャーの行動について，否定的期待（否定的ステレオタイプ）が働いているとき，マインドフルの能力は，不安を減少させ，行動の予測能力を増加させる。

公理 47. ストレンジャーの行動に関する不安の制御能力の増加と，ストレンジャーの行動に関する，予測と説明の正確さの増加は，コミュニケーション効果を増加させる。

　定理については，公理を合わせて作る。たとえば公理1と公理2から，定理1を作る（Gudykunst, 1995）。集団へのインクルージョンと，自己概念の維持には，肯定の関係がある。これはターナーの動機に関する理論と一致する（Turner, 1988）。他にも，たとえば公理 21 と公理 23 を合わせれば，類似と魅力の仮説を作ることができる。この仮説は膨大な実験によって裏付けられている（Byrne, 1971）。態度の硬直性は情報をプロセスする能力と否定の関係にあるという定理は，公理6と公理 11 から作ることができるとグディカンストはいう（Gudykunst, 1995）。

AUM 理論：異文化の調整理論

［自己と自己概念］

公理 48. ストレンジャーとの交流において，集団主義の増加は，社会アイデンティティの行動を増加させる。

公理 49. ストレンジャーとの交流において，個人主義の増加は，個人アイデンティティの行動を増加させる。

公理 50. ストレンジャーとの交流において，個人主義の増加は，

　　　行動を導く独立自己概念の使用を増加させる。

公理 51. ストレンジャーとの交流において，集団主義の増加は，
　　　　自己の自尊心のよりどころを求めることを増加させる。

公理 52. ストレンジャーとの交流において，個人主義の増加は，
　　　　行動に現れる自尊心の増加と関係する。

公理 53. ストレンジャーとの交流において，集団主義の増加は，
　　　　経験する恥の増加と関係する。

［動　機］

公理 54. ストレンジャーとの交流において，集団主義の増加は，
　　　　集団へのインクルージョンの欲求を増加させる。

公理 55. ストレンジャーとの交流において，集団主義の増加は，
　　　　相互自己の維持欲求を増加させる。個人主義の増
　　　　加は，独立自己の維持欲求を増加させる。

公理 56. 個人主義の増加は，ストレンジャーの強める自己概
　　　　念の増加と関係する。

公理 57. 個人主義の増加は，個人ベースの情報使用を増加さ
　　　　せる。集団主義の増加は，集団ベースの情報使用を
　　　　増加させる。

公理 58. ストレンジャーとの交流において個人主義の増加は，
　　　　個人アイデンティティの安心意識を増加させる。集団
　　　　主義の増加は，社会アイデンティティの安心意識を
　　　　増加させる。

［ストレンジャーへの反応］

公理 59. 権力格差の増加は，ストレンジャーに関する情報を
　　　　複雑にプロセスする能力を増加させる。

公理60. 不確実性回避の増加は，ストレンジャーに対する態度の硬直性を増加させる。

公理61. ストレンジャーとの交流において，個人主義の増加は，自己モニタリングを増加させる。集団主義の増加は，社会的適切性への関心を増加させる。

公理62. ストレンジャーとの交流において，不確実性回避の増加は，曖昧性の許容能力を減少させる。

公理63. 集団主義の増加は，ストレンジャーへの感情移入の能力を減少させる。

公理64. 集団主義の増加は，ストレンジャーの自己の行動調整を増加させる。

公理65. ストレンジャーとの交流において，集団主義の増加は，コミュニケーションの適応能力を増加させる。

［社会カテゴリー］

公理66. 集団主義の増加は，集団間の類似と相違に関する理解を増加させる。

公理67. 個人主義の増加は，ストレンジャーとの個人的類似を増加させる。

公理68. 集団主義の増加は，ストレンジャーを分類する能力を増加させる。

公理69. 集団主義の増加は，集団への帰属を増加させる。

公理70. 個人主義の増加は，ヴァリアビリティを減少させる。

公理71. 不確実性回避の増加は，ストレンジャーの行動に対する肯定的期待を減少させる。

公理72. 不確実性回避の増加は，ストレンジャーの肯定的期待違反（あるいは）否定的期待を減少させ，違反へ

の気づきを減少させる。

［状況的プロセス］

公理 73. 不確実性回避の増加は，ストレンジャーのコンプレキシティを増加させる。

公理 74. 不確実性回避の増加は，ストレンジャーと交流する状況の非公式性を減少させる。

公理 75. 権力格差の増加は，ストレンジャーとの労働の場における協同的構造を減少させる。

公理 76. ストレンジャーとの交流において，不確実性回避の増加は，規範的および組織的支持を減少させる。

公理 77. 集団主義の増加は，ストレンジャーと交流する場にいる内集団成員の割合を増加させる。

［ストレンジャーとの関係］

公理 78. 不確実性回避の増加は，ストレンジャーへの魅力の減少と関係する。

公理 79. 個人主義の増加はストレンジャーに対する精神的インクルージョンを増加させる。

公理 80. 不確実性回避の増加は，ストレンジャーへの尊敬を減少させる。

公理 81. 個人主義の増加は，ストレンジャーとの接触の量あるいは質を増加させる。

公理 82. 女性価値の増加は，ストレンジャーとの相互依存を増加させる。

公理 83. 個人主義の増加は，知覚された親密性を増加させる。

公理 84. 個人主義の増加は，ストレンジャーと共有するネット

ワークを増加させる。

[不安・不確実性・マインドフル・効果的コミュニケーション]
　　公理85. 集団主義の増加は，ストレンジャーの情報を収集す
　　　　　　る能力を増加させる。
　　公理86. 個人主義の増加は，ストレンジャーの行動を描写す
　　　　　　る能力を増加させる。
　　公理87. 個人主義の増加は，ストレンジャーの集団に関する
　　　　　　情報の理解を増加させる。
　　公理88. 集団主義の増加は，ストレンジャーの言葉（方言，
　　　　　　隠語，スラング）の知識を増加させる。
　　公理89. 個人主義の増加は，ストレンジャーの行動に関する
　　　　　　新しい情報への開放性の増加と関係する。
　　公理90. 個人主義の増加は，ストレンジャーを新しいカテゴリ
　　　　　　ーに入れる能力を増加させる。
　　公理91. 個人主義の増加は，ストレンジャーが相手のメッセー
　　　　　　ジを解釈するときに用いる見方への気づきを増加さ
　　　　　　せる。
　　公理92. 不確実性回避の増加は，不安を増加させる。
　　公理93. 個人主義の増加は，否定的期待が生じているとき，
　　　　　　マインドフルになれる能力を増加させる。
　　公理94. 不確実性回避の増加は，不安の制御能力を減少さ
　　　　　　せる。
　　　　　　個人主義の増加は，ストレンジャーの行動に対する
　　　　　　予測と説明の正確さを増加させる。

グディカンストは，これらの公理の説明する範囲をアメリカ文

写真①　ビル, 45歳, カリフォルニア州立大学フラトンに来て, 2,
3年というところ。東部に7年, アリゾナ州立大に5年,
そしてここがおおよそ15年間の最後の大学となった。

化に限定し, この理論が異文化に適応されるには文化的観点が
導入されなければならないとした。そこで導入したのは, 文化的
ヴァリアビリティの考え方である (Gudykunst, 1995)。その中で,

43

異文化のコミュニケーション行動を説明するには，個人主義と集団主義のヴァリアビリティが最も重要であるとしている。この点は，ホフステードとトリアンディスの議論を参考にしている（Hofstede & Bond, 1984; Triandis, 1988）。自己概念にはマルカスらの観点（Markus & Kitayama, 1991）を，不確実性の回避，権力格差，男性価値にはホフステード（Hofstede, 1980）の観点を入れた。

　その結果として，自己と自己概念に6つの公理，動機に5つの公理，ストレンジャーへの反応に7つの公理，社会カテゴリーに7つの公理，状況的プロセスに5つの公理，ストレンジャーとの関係に7つの公理，不安・不確実性・マインドフル・効果的コミュニケーションに10の公理を提示した（Gudykunst, 1995）。

引用文献

Berger, C. R., & Calabrese, R. (1975). Some explorations in initial interactions and beyond: Toward a developmental theory of interpersonal communication. *Human Communication Research, 1*, 99-112.

Byrne, D. (1971). *The attractions paradigm*. New York: Academic Press.

Douglas, W. (1990). Uncertainty, information-seeking, and liking during initial interactions. *Western Journal of Speech Communication, 54*, 66-81.

Gao, G., & Gudykunst, W. B. (1990). Uncertainty, anxiety, and adaptation. *International Journal of Intercultural Relations, 14*, 301-317.

Gudykunst, W. B. (1988). Uncertainty and anxiety. In Y. Y. Kim & W. B. Gudykunst (Eds.), *Theories in intercultural communication*. Newbury Park, CA: Sage.

Gudykunst, W. B. (1991). *Bridging Differences: Effective inter-group communication* (2nd ed.). Newbury Park, CA: Sage.

Gudykunst, W. B. (1993). Toward a theory of interpersonal and

intergroup communication: An anxiety/uncertainty manage-
ment (AUM) perspective. In R. Wiseman & J. Koester (Eds.),
Intercultural communication competence. Newbury Park,
CA: Sage.

Gudykunst, W. B. (1995). Anxiety/uncertainty management
theory. In R. Wiseman (Ed.), *Intercultural communication
theory*. Thousand Oaks, CA: Sage.

Gudykunst, W. B., & Hammer, M. R. (1988). Strangers and
hosts. In Y. Y. Kim & W. B. Gudykunst (Eds.), *Cross-cultural
adaptation*. Newbury Park, CA: Sage.

Gudykunst, W. B., & Kim, Y. Y. (1992). *Communicating with
strangers: An approach to intercultural communication* (2nd
ed.). New York: McGraw-Hill.

Hofstede, G. (1980). *Culture's consequences*. Beverley Hills,
CA: Sage.

Hofstede, G., & Bond, M. (1984). Hofstede's culture dimensions.
Journal of Cross-Cultural Psychology, 15, 417-433.

Langer, E. (1989). *Mindfulness*. Reading, MA: Addison-Wesley.

Lieberson, S. (1985). *Making it count: The improvement of so-
cial research and theory*. Berkeley: University of California
Press.

Markus, H., & Kitayama, S. (1991). Culture and the self: Impli-
cations for cognition, emotion, and motivation. *Psychological
Review, 98*, 224-253.

Planalp, S., & Honeycutt, J. M. (1985). Events that increase
uncertainty reduction in personal relationships. *Human
Communication Research, 11*, 593-604.

Planalp, S., Rutherford, D., & Honeycutt, J. (1988). Events that
increase uncertainty reduction in personal relationships.
Human Communication Research, 14, 516-547.

Sodetani, L. L., & Gudykunst, W. B. (1987). The effects of sur-
prising events on intercultural relationships. *Communication
Research Reports, 4*(2), 1-6.

Sorrentino, R., & Short, J. (1986). Uncertainty orientation, motivation, and cognition. In R. Sorrentino & E. T. Higgins (Eds.), *Handbook of motivation and cognition* (Vol.1). New York: Guilford.

Stephan, W. G., & Stephan, C. W. (1985). Intergroup anxiety. *Journal of Social Issues, 41*, 157-166.

Triandis, H. C. (1988). Collectivism vs. individualism. In G. Verma & C. Bagley (Eds.), *Cross-cultural studies of personality, attitudes, and cognition*. London: Macmillan.

Turner, J. H. (1988). *A theory of social interaction*. Palo Alto, CA: Stanford University Press.

VanLear, C. A., & Trujillo, N. (1986). On becoming acquainted: A longitudinal study of social judgment processes. *Journal of Social and Personal Relationships, 3*, 375-392.

第3章

概念を測定する尺度

クラターバックの予測の不確実性
グディカンスト＆西田の予測の不確実性
グディカンストのストレンジャーの行動理解の予測
ダグラスのグローバル不確実性
ケラーマン＆レイノルズの不確実性の許容
ケラーマン＆レイノルズの確実性重視
および確実性の必要性
グディカンストの不確実性指向

通文化の研究（cross cultural）あるいは異文化間の研究（inter-cultural）のどちらにせよ，米国で作られた尺度を翻訳して用いることがよくある。1つの文化で作られた尺度を，他の文化で用いるこの方法は，「押し付けたエティック」（Berry, 1969）あるいは「にせのエティック」（Triandis, Malpass, & Davidson, 1973）と呼ばれる。機能的および言語的に問題がなければ，この方法は問題ではないというのがグディカンストとティン-ツーミーの立場である（Gudykunst & Ting-Toomey, 1988）。理想的には，複数の文化に共通する特徴を持つ尺度を作ることである。ディライヴドのエティック，つまり，文化から吸い上げてきた側面を含む尺度である（Berry, 1969）。

ディライヴドのエティック尺度の作成には，時間がかかる。具体的には，研究する概念の諸側面はそれぞれの文化の側面でなくてはならない。それを確認するには，集中的な面接調査や，膨大な文研研究により，概念の諸相を明らかにしなければならない。そして文化特有と異文化共通の両面を尺度に組み入れ，翻訳し，それぞれの文化でプリテストを行う。プリテストの結果，適切でない項目を削除し，尺度を完成させる。たとえば，不確実性の1つの側面である予測に関する尺度をグディカンストと作成したが，これは，ディライヴドのエティック手法によるものである（Gudykunst & Nishida, 1986）。

クラターバックの予測の不確実性

アメリカのようなローコンテクストの文化において，予測するときの不確実性の測定のためには，クラターバックの尺度がよく使われる（p.49 表1）（Clatterbuck, 1979）。この尺度は，不確実性

表1　クラターバックの予測の不確実性（1979）

1. 彼（女）の行動を予測する，あなたの全般的な能力に，あなたはどれくらい自信がありますか。 ＿＿＿＿＿％

2. 彼（女）があなたに好意を持っていることについて，あなたはどれくらいそう思う自信がありますか。 ＿＿＿＿＿％

3. 彼（女）の態度について，あなたの予測は，どの程度正確ですか。 ＿＿＿＿＿％

4. 彼（女）の持つ価値観について，あなたの予測は，どの程度正確ですか。 ＿＿＿＿＿％

5. 彼（女）の気持ちを，あなたはどれくらい予測できますか。 ＿＿＿＿＿％

6. 彼（女）が自分自身について感じていることを，あなたはどの程度感情移入することができますか。 ＿＿＿＿＿％

7. 彼（女）を，どれくらい知っていますか。

＿＿＿＿＿％

を測定する尺度であり，7項目でできている，相手の行動を予測する尺度である。この尺度は通文化研究で広く使われていて，日本語にも訳されている（Gudykunst, Yang, & Nishida, 1985; Sanders, Wiseman, & Matz, 1991）。

　クラターバックの尺度は，予測をするときの不確実性を測定する尺度である。バーガーらの理論は，文化の違いを超えて一般化しようとするものであるため，用いる尺度もそれに見合う尺度でなければならない。

　初期のコミュニケーションにおける不確実性の減少は，文化の違いにかかわらず，対人関係の主たる関心事であるという前提がある。この前提は，アメリカ文化以外の研究結果や，不確

実性回避に関するホフステードの結果に基づいている（Hofstede,
1980）。たとえば，一般的に，ハイコンテクストのコミュニケー
ションが大半を占める集団主義の文化においては，個人主義文
化のコミュニケーションよりも，非言語のメッセージが重視される
（Gudykunst & Nishida, 1986）。

　そこでグディカンストと西田は，ディライヴドのエティック手法
により，不確実性を測定する尺度の項目を増やした（Gudykunst
& Nishida, 1986）。その理由は，辻村の言うように，日本人のコ
ミュニケーションは，以心伝心や寡黙性，間接表現の使用，雰
囲気の重視といった特徴があり（辻村, 1990），本音と建前という
思考構造の中で，相手との繊細なコミュニケーションを要求され
るからである。

グディカンスト＆西田の予測の不確実性

　非言語および間接のスタイルが強調されるということは，言
葉で表現しない部分を理解しなければならないということであり，
行動の帰属に自信を高めるには，行動を察する必要があるという
ことである。つまり，帰属の自信は，不確実性の反対の概念であ
る。察するという行動は，間接的なスタイルのコミュニケーション
に必要な感受性であり，集団主義の文化における不確実性を減
少させるために必要な能力である。それにより相手の背景に関す
る情報，属する集団に関する情報，そして個人の情報を得ること
ができるのである。一方，個人主義の文化において直接的にコミ
ュニケーションの不確実性を減少させるには，相手の態度や信条，
価値観といった情報が必要である。以上の議論をもとに，予測
の不確実性尺度（Gudykunst & Nishida, 1986）を，西田はグディ
カンストと作成した（p.52 表2）。

グディカンスト＆西田の尺度は，個人主義と集団主義のコミュニケーションの特徴を持つことになった。個人主義者は，コミュニケーション行動の予測に直接のスタイルを用い，求める情報を個人に関する情報に集中させると，その確率は増加すると考えた。項目1から7がそれにあたり，これらはクラターバックの項目である。項目1と2を除くと，このファクターの信頼性は，最も高かった。一方，集団主義者は，コミュニケーション行動の予測に間接のスタイルを用い，求める情報を非言語に関する情報に集中させると仮定した。項目8から12がそれである。項目8と9を除くと，このファクターの信頼性は，最も高かった。

日本とアメリカには，この2つのファクターが存在するという仮説は，因子分析で支持された（Gudykunst & Nishida, 1986）。さらに韓国と中国においても確認された（Gudykunst, Yoon, & Nishida, 1987; Gao, 1990）。これらの結果から，2つの種類，つまり個人に関する情報と，非言語に関する情報が，アメリカでも日本でも用いられることが確認された。集団主義の成員も個人の態度，信条，感情に関する情報を用いる（項目1から7）。しかし，この種の情報は，二次的な情報なのである（項目8から12）。同様に，アメリカのような個人主義文化の成員も相手の感情を理解したか，相手を察するかに関する情報も用いる（項目8から12）。しかしこの種の情報は相手の態度や信条，感情といった情報より二次的であった（項目1から7）。

グディカンストのストレンジャーの行動理解の予測

クラターバックの尺度とグディカンスト＆西田の尺度は，予測するときの不確実性を測定するように作られている。クラターバック

表2　グディカンスト＆西田の予測の不確実性（1986）

コミュニケーションをする相手の行動や考え方を予測することができるかどうかについて，人はさまざまな理解の仕方をしています。

　次の1から12の項目に書かれている，相手のそれぞれの側面について，どの程度あなたは予測することができると思いますか。予測することができると思う度合いを，0（ゼロ）から，100（百）の間の数字で答えてください。たとえば，相手の行動の仕方について，まったく当てずっぽうの場合は，「0」と書いてください。相手の行動や感じ方について，確実な予測ができると思う場合は「100」と書いてください。「0」と「100」の間の数字を，自分の判断で，自由に書いてください。

1. 彼（女）の行動を予測する，あなたの全般的な能力に，あなたはどれくらい自信がありますか。　＿＿＿＿＿％

2. 彼（女）があなたに好意を持っていることについて，あなたはどれくらいそう思う自信がありますか。　＿＿＿＿＿％

3. 彼（女）の態度について，あなたの予測は，どの程度正確ですか。　＿＿＿＿＿％

4. 彼（女）の持つ価値観について，あなたの予測は，どの程度正確ですか。　＿＿＿＿＿％

5. 彼（女）の気持ちを，あなたはどれくらい予測できますか。　＿＿＿＿＿％

6. 彼（女）が自分自身について感じていることを，あなたはどの程度感情移入することができますか。　＿＿＿＿＿％

7. 彼（女）を，どれくらい知っていますか。　＿＿＿＿＿％

8. 彼（女）の背景について，あなたはどの程度知っていますか。　＿＿＿＿＿％

9. 社会的に適切な行動が求められるとき，その行動を彼（女）がするかどうかについて，あなたはどの程度確信を持てますか。　＿＿＿＿＿％

10. 言葉で表現できなくても，彼（女）はあなたの気持ちを理解することができると，あなたはどの程度確信を持てますか。 _____ ％

11. 私とコミュニケーションをしている彼（女）が，私の気持ちを理解しているということを，あなた自身は，どの程度確信を持てますか。 _____ ％

12. あなたとコミュニケーションをしているこの人物が，あなたの言動を察して，コミュニケーションをすることにあなたはどの程度自信を持てますか。 _____ ％

は，説明するときの不確実性を測定する65項目の尺度も作成している。それは，相手の知識を反映させるように，テイラー＆アルトマンの親密尺度（Taylor & Altman, 1966）の自己開示項目から無作為抽出したものである。グディカンストは，相手の行動を理解する能力を測定する尺度（p.54 表3）も発表した。

　グディカンストによると，修正すれば，新たな1つの尺度として使うことができる。たとえば，特定の文化あるいは重要な項目を入れれば，文化を超える尺度として使用することができるという。

ダグラスのグローバル不確実性

　関連する尺度が，もう1つ発表されている。それはダグラスのグローバル不確実性の尺度である（Douglas, 1991）。「ストレンジャーの不確実性は，互いに知らないことによる結果ではなく，過去に経験した初期の相互作用の出来栄え，つまり，パフォーマンスと，そういうパフォーマンスの記憶の産物である」（Douglas, p.356, 1991, 西田訳）とダグラスは述べる。また，初期の交流において，個人は，どのようにコミュニケーションをするか，そして，

表3　グディカンストのストレンジャーの行動理解の予測 (1991a)

コミュニケーションの不確実性を減少させる能力を測定する目的で作成された尺度です。項目の内容がそれぞれどの程度自分にとって正しいかどうかについて答えてください。

項目の内容が
「いつもそうでない」ならば, 1と答えてください。
「だいたいそうでない」ならば, 2と答えてください。
「時にはそうで, 時にはそうでない」ならば, 3と答えてください。
「だいたいそう」ならば, 4と答えてください。
「いつもそう」ならば, 5と答えてください。

1. ストレンジャーの行動に関し, 正確な予測をすることができる。　　　　　　　　　　　　　　　　　　　　_____

2. ストレンジャーの行動をだいたい理解することができる。　　　　　　　　　　　　　　　　　　　　　　　　_____

3. 他の人と異なる人の行動を説明することができる。　_____

4. ストレンジャーの行動を正確に解釈することができる。_____

5. ストレンジャーの行動を正確に描写することができる。_____

相手がどのようにコミュニケーションをするかについて, 多かれ少なかれ不確実の状態にある, と述べる。

ダグラスによると, グローバル不確実性の低い人は, 高い人よりもストレンジャーに対する不確実性を減少させることができる。ゆえに, グローバル不確実性は, 不確実性減少のプロセスの研究に欠かせないものであると主張する (Douglas, 1991)。

ダグラスはクラターバックの尺度を修正し, クラターバックが特定の相手に焦点を当てているのに対し, ダグラスは一般的な初期の相互作用に焦点を当てた (p.55 表4)。グローバル不確実性の

表4　ダグラスのグローバル不確実性（1991）

---

1. ストレンジャーがどのように行動するのかについて予測する，あなたの全般的な能力について，あなたはどれくらい自信がありますか。
2. 一般的に，ストレンジャーがあなたに好意を持っている（あるいは持っていない）ことを正確に判断する，あなた自身の能力について，あなたはどれくらい自信を持っていますか。
3. 一般的に，ストレンジャーの価値観を正確に予測する，あなた自身の能力に，あなたはどの程度自信を持っていますか。
4. 一般的に，ストレンジャーの態度を正確に予測するあなたの自身の能力に，あなたはどの程度自信を持っていますか。
5. 一般的に，ストレンジャーの感情と情緒を正確に予測する，あなた自身の能力に，あなたはどの程度自信を持っていますか。
6. 初対面の人と会ったとき，一般的に，その人たちが自分自身のことを思っていることを感情移入（共有）することができますか。
7. 一般的に，初対面の人と会った後，その人たちをどの程度知っていると，あなたは考えますか。

注：番号については，本書著者が新たに加えた。

高い人は，低い人と比べ，初期の交流を否定的に評価し，身近でない人物との交流を回避しようとするとダグラスはいう。さらに，ダグラスの研究では，グローバル不確実性の高い人は低い人よりも，コミュニケーションをする相手によって能力は低いと評価されると述べている。

　グローバル不確実性という概念は，比較でも，相互作用でも異文化研究において検証されていない。しかし不確実性の上限と下限の関連する概念である。よってこの概念は異文化研究に導入されなければならない，とグディカンストは主張する（Gudykunst & Kim, 1997）。

表5　ケラーマン＆レイノルズの不確実性の許容 (1990)

1. その人物が，どのように行動するかについて予測する，あなたが必要な全般的な能力について，あなたはどれくらい自信があるべきだと思いますか。
2. その人物があなたにどの程度好意を持っているかについて，あなたはどの程度確かであるべきだと思いますか。
3. その人物の価値観を予測するのに，あなたはどの程度確かであるべきだと思いますか。
4. その人物の態度を予測するのに，あなたはどの程度確かであるべきだと思いますか。
5. その人物の情緒と感情を予測するのに，あなたはどの程度確かであるべきだと思いますか。
6. その人物が自分自身のことを思っていることを，あなたはどの程度感情移入することができるべきであると思いますか。
7. その人物をどの程度知る必要があると思いますか。
8. その人物をどの程度理解する必要があると思います。

ケラーマン＆レイノルズの不確実性の許容

　ダグラスのグローバル不確実性の概念の他に，不確実性の減少に関連する概念がいくつかあると，ケラーマンら (Kellerman & Reynolds, 1990) はいう。そしてクラターバックの尺度 (Clatterbuck, 1979) を修正し，不確実性の許容の尺度 (表5) を作成した。

ケラーマン＆レイノルズの確実性重視
および確実性の必要性

　不確実性の許容という意味は，不確実性の逆，つまり確実性の境界を意味する (p.58 表6)。不確実性の減少とは，相手につ

いて知らない情報を得るということである。つまり人は相手の行動をより正確に予測したいという動機を持っている。ケラーマンの3つの尺度は，相互に関係しており，ユニディメンショナルな尺度となっている。不確実の許容は情報収集行動と関係するが，不確実の量とは関係しないことをケラーマン＆レイノルズは見いだした (Kellerman & Reynolds, 1990)。

　ダグラス (Douglas, 1991) のグローバル不確実性のように，ケラーマン＆レイノルズ (Kellerman & Reynolds, 1990) の不確実性の許容は，これまでの比較文化あるいは通文化の研究で使用されたことはない。しかし不確実性の許容は，後にグディカンスト＆キム (Gudykunst & Kim, 1997) の上限と下限の議論につながっていく。

　不確実性の減少は，相手と自分の行動を予期し，説明する能力の増加を意味する。ダグラスと，ケラーマン＆レイノルズも相手の行動に関する不確実性に焦点を当てている。ソレンティーノ＆ショートは，自己の不確実性減少に直接関係する個々の性格的特徴を分離した (Sorrentino & Short, 1986)。

　自分自身あるいは周りの世界に興味を持たない，あるいは他人に注意を払わないといった傾向を持つ人がたくさんいる。そのような人を確実性指向の人と呼ぶ (Sorrentino & Short, 1986)。

　不確実性指向の人は，新しい情報と古い情報の両方を取り入れ，融合させる，それにより，信条体形を変化させる。確実性指向の人は，伝統的信条を保持することを好み，異なる考えを拒否する傾向がある。また，自分自身あるいは自己の行動を検証することなく，自己の感覚を保持する。

表6　ケラーマン&レイノルズの確実性重視
および確実性の必要性（1990）

〈確実性重視の尺度〉

(1) その人物について私が知っていることあるいは知らないことは，実際問題ではない。

(2) 今よりもその人物を理解することは本当に重要なことであると信じる。

(3) その人物を理解していないかもしれない，しかしそれそれでいい。

(4) その人物の行うことに関するいかなる不確実性も自分にとっては本当に気になることである。

(5) その人物が私の知らない態度と考えを持っていても，私はそのことは本当に気にしない。

(6) その人物について知らないことを知ることは，私にとって重要である。

〈確実性の必要の尺度〉

(1) 私が理解できないことをその人物がしたら，それは大変私を悩ませる。

(2) その人物がどのように行動するかについて，私は心配する必要を全然感じない。

(3) その人物をいつもよりもっと知る必要がある。

(4) その人物がちょっと変に行動したかどうかについてくらいは，私には問題ではない。

(5) 私と会話する彼／彼女がどのように行動するかについて，私は知っておきたい。

(6) その人物について，そんなに知る必要はない。

表7　グディカンストの不確実性指向（1991a）

---

(1) 新しい情報を得たら，それをすでに持っている情報と統合しよう
　　とする。
(2) 選択肢を与えられたら，一度行ったことがあるところより，まだ
　　だ行ったことのないところへいくことを望む。
(3) 人を評価するとき，他の人と比較するのではなく，その人そのもの
　　を評価する。
(4) 自己の持つ信条の矛盾するところを解決しようとする。
(5) 自分と異なる意見が提案されたら，その意見を考慮することなく，
　　否定することはない。

グディカンストの不確実性指向

　グディカンストは，ソレンティーノとショート（Sorrentino &
Short, 1986）の議論から，不確実性指向を測定する尺度を作成
した（表7）。

〈まとめ〉

　グディカンスト＆西田のディライヴドのエティック尺度（Gu-
dykunst & Nishida, 1986）を除き，本章で取り上げたすべての尺
度は，北米アメリカの人々の不確実性への対応の仕方を説明す
るためにアメリカで作られた。つまり，ここで取り上げた尺度は，
個人主義文化における不確実性の測定である。しかし，集団主
義文化で用いることができないという意味ではない。集団主義文
化においてもローコンテクストのコミュニケーションは行われる主
たるものではないという意味である。集団主義文化における不確
実性のすべてを把握するには，不確実性に関係するハイコンテク
ストコミュニケーションの側面を取り入れたディライヴドのエティッ

ク尺度が必要なのである。

　ディライヴドのエティック尺度の作成では，面接をしてデータを
集めることは必須ではない。ディライヴドのエティック尺度は，調
査報告や文献に現れるコミュニケーションのプロセスに関する記
述を検討することによりディライヴドのエティック尺度を作ること
ができる。たとえばグローバル不確実性については，グディカン
スト＆西田 (Gudykunst & Nishida, 1986) のハイコンテクストの
予測の不確実性を用い，ダグラス (Douglas, 1991) のグローバル
不確実性の尺度と合わせれば，ディライヴドのエティック尺度によ
るグローバル不確実性を作ることができる。
　それとは別に，コミュニケーションに関する民俗学的文献を読
み，ディライヴドのエティック尺度を作る方法もある。たとえば，
アフリカのアムハラ文化における不確実性に興味を持てば，その
文化におけるあいまいさの表現の仕方に関する文献を参考にする
とよい (Levine, 1985)。そうした記述はアメリカで作られた尺度
を修正するために用いることができる。その結果，その尺度はディ
ライヴドのエティック尺度として作り直されることになる。

　不確実性の研究において，不確実性は直線的に減少するので
はないということを理解しなければならない。人間関係が維持さ
れる時間の中で，不確実性は増加もするし，減少もする。あるい
は会話の進行中であっても，増加あるいは減少する，とグディカ
ンストは発言している (Gudykunst, 1988, 1991b)。
　異文化の人間関係における不確実性に関にする弁証法的な研
究は，日本人と北米アメリカ人の人間関係における不確実性の増
加に関する調査を除き (Sodetani & Gudykunst, 1987)，ほとんど

行われていない。また，何らかの関係にある2人を分析の対象にし，異時点に調査を行う手法も，比較と異文化間の調査を行うべきである。このような研究をおし進めるには，不確実性の減少と増加を観察しうる技法を作成しなければならないことになる。しかもその技法は異なる文化の人間関係の不確実性の増減を測定することのできるものである必要がある。異なる文化背景を持つ研究チームを作ることも必要であろう。

　異なる文化において，不確実性の概念を調査すべきである。グディカンストと行った調査は，中国，日本，韓国，アメリカの4か国である。南米やアフリカで試行し，その有効性を検証すべきである。そのような一連の検証をすれば，不確実性減少理論に関する議論を充実させ，また，ホフステードの不確実性回避（Hofstede, 1980）でいうところの文化の多様性をより正確に理解することができる。

　最後に，不確実性という概念は，コミュニケーションの文化的相違を理解し，異文化コミュニケーションを説明する有効であることを証明した。概念の測定に必要な尺度を作成したが，改良が必要である。文化的に適切な尺度を作るには，コミュニケーションに関する民俗誌的文献と先行研究の記述から，多くのことを取り入れることができる。

付録1：個人主義と集団主義の価値観

実際に著者たちが調査で用いたアンケートです。並べられている価値観それぞれについて，あなたの人生を導く原理として，どの程度重要であるか，1から7の数字で答えてください。まったく重要でなければ1，ものすごく重要ならば7を記入してください。

価値観にそれぞれつけられている「I」は個人主義的価値観，「C」は集団主義的価値観です。

Source: Gudykunst, W. B., Matsumoto, Y., Ting-Toomey, S., Nishida, T., Kim, Y., & Heyman, S. (1996). The influence of culture individualism-collectivism, self construals, and values on communication styles across cultures. *Human Communication Research*, *22*, 510-543.

*I= individual values; C=collectivistic values

Please rate how important value is for you as a guiding principle in your life. If the value is not important at all, please answer "1." If the value is of supreme importance, please answer "7." Feel free to use any number between 1 and 7.

_____ An exciting life (I)
_____ A sense of accomplishment (I)
_____ Benevolent authority (C)
_____ Pleasure (I)
_____ Ambitious (I)
_____ Capable (I)
_____ Cheerful (I)
_____ Imaginative (I)
_____ Independence (I)
_____ Intellectual (I)
_____ Logical (I)
_____ National security (I)
_____ Salvation (C)

_____ True Friendship (I)

_____ Forgiving (C)

_____ Helpful (C)

_____ Honesty (C)

_____ Loving (I)

_____ Obedient (C)

_____ Polite (C)

_____ Happiness (I)

_____ Self-cultivation (I)

_____ Self-respect (I)

_____ Industrious (C)

_____ Obedience to parents (C)

_____ Meet all obligations (C)

_____ Harmony with others (C)

_____ Being cooperative with others (C)

_____ Solidarity with others (C)

_____ Ordering relationships by status and observing this order (C)

_____ Loyalty to supervisors (C)

_____ Observing rites and social rituals (C)

_____ Moderation, following the middle way (C)

_____ Being interdependent with others (C)

付録2：独立的および相互依存的自己解釈

　自己解釈について尋ねます。自分自身について，そして，人との関係について，あなたはどのように考えますか。「強く反対する」(1) から，「強く賛成する」(7) までの1つを選び，答えてください。

Source: Gudykunst, W. B., Matsumoto,Y., Ting-Toomey, S., Nishida, T., Kim, K. S., & Heyman, S. (1996). The influence of cultural individualism-collectivism, self construals, and individual values on communication styles across cultures. *Human Communication Research, 22*, 510-543.

The purpose of the questions in this section is to find out how you generally think about yourself and your relationship with members of groups to which you belong. Please answer each question by indicating the degree to which you agree or disagree with the item. Use the following scale to respond to each item:

Strongly Disagree	Disagree	Some-what Disagree	Neither Agree nor Disagree	Some-what Agree	Agree	Strongly Agree
1	2	3	4	5	6	7

_____ I should be judged on my own merit. (ind)

_____ Being able to take care of myself is a primary concern for me. (ind)

_____ My personal identity is important to me. (ind)

_____ I consult others before making important decisions. (inter)

_____ I consult with co-workers on work-related matters. (inter)

_____ I prefer to be self-reliant rather than depend on others. (ind)

_____ I will sacrifice my self-interest for the benefit of my group. (inter).

_____ I stick with my group even through difficulties. (inter).

_____ I respect decisions made by my group. (inter).

_____ I will stay in a group if it needs me, even if I am no happy with it. (inter)

_____ I maintain harmony in the groups of which I am a member. (inter).

_____ I respect the majority's wishes in groups of which I am a member. (inter)

_____ I remain in the groups of which I am a member if they need me, even though I am dissatisfied with them.

(inter).

_____ I am a unique person separate from others. (ind).

_____ If there is a conflict between my values and values of groups of which I am a member, I follow my values. (ind).

_____ I try to abide by customs and conventions at work. (inter)

_____ I try not to depend on others. (ind)

_____ I take responsibility for my own actions. (ind)

_____ I give special consideration to others' personal situations so I can be efficient at work. (inter)

_____ It is better to consult others and get their opinions before doing anything. (inter)

_____ It is important to consult close friends and get their ideas before making a decision. (inter)

_____ It is important for me to act as an independent person. (ind)

_____ I should decide my future on my own. (ind)

_____ What happen to me is my own doing. (ind)

_____ My relationships with others are more important to me than my accomplishments. (inter)

_____ I enjoy being unique and different from others. (ind)

_____ I am comfortable being singled out for praise and rewards. (ind)

_____ I don't support a group decision when it is wrong. (ind)

アンケート中の ind は独立的自己解釈を意味し，inter は相互依存的自己解釈を意味します。アンケートとして用いる場合は，それぞれを消して用いてください。ものや言葉で表したものは，自己解釈を測定するものや言葉で表現してあります。特定の言語表現で表したものは，その集団で用いられている意味が特定であるので，修正して用いてください。内集団特有の自己解釈が必要なときがあります。

引用文献

Berry, J. (1969). On cross-cultural comparability. *International Journal of Psychology, 4*, 119-128.

Clatterbuck, G. (1979). Attributional confidence and uncertainty. *Human Communication Research, 5*, 147-157.

Douglas, W. (1991). Expectations about initial interactions: An examination of the effects of global uncertainty. *Human Communication Research, 17*, 355-384.

Gao, G. (1990). Romantic relationships in China and the United States. Ph.D. dissertation, Arizona State University.

Gudykunst, W. B. (1988). Uncertainty and anxiety. In Y. Y. Kim & W. B. Gudykunst (Eds.), *Theories in intercultural communication*. Newbury Park, CA: Sage.

Gudykunst, W. B. (1991a, May). Assumptions about interpersonal and intergroup communication. Paper presented at the International Communication Association Convention, Chicago.

Gudykunst, W. B. (1991b). *Bridging Differences: Effective intergroup communication*. (2nd ed.) Newbury Park, CA: Sage.

Gudykunst, W. B., & Kim, Y. Y. (1997). *Communicating with strangers: An approach to intercultural communication* (3rd ed.). New York: McGraw-Hill.

Gudykunst, W. B., Matsumoto,Y., Ting-Toomey, S., Nishida, T., Kim, K. S., & Heyman, S. (1996). The influence of cultural individualism-collectivism, self construals, and individual values on communication styles across cultures. *Human Communication Research, 22*, 510-543.

Gudykunst, W. B., & Nishida, T. (1986). Attributional confidence in low- and high-context cultures. *Human Communication Research, 12*, 525-549.

Gudykunst, W. B. & Ting-Toomey, S. (1988). *Culture and Interpersonal Communication*. Newbury Park: Sage.

Gudykunst, W.B., Yang, S.M., and Nishida, T. (1985). A

写真②　西田 司，三島に 25 年。57 歳。

cross-cultural test of uncertainty reduction theory: Comparison of acquaintances friends, and dating relationships in Japan, Korea, and the United States. *Human Communication Research, 11*, 407-454.

Gudykunst, W. B., Yoon, Y. C., & Nishida, T., (1987). The

influence of individual-Collectivism on perceptions of communication in ingroup and outgroup relationships. *Communication Monographs, 54,* 295-306.

Hofstede, G. (1980). *Culture's consequences.* Beverly Hills, CA: Sage.

Kellerman, K., & Reynolds, R. (1990). When ignorance is bliss: The role of motivation to reduce uncertainty in uncertainty reduction theory. *Human Communication Research, 17,* 5-75.

Levine, D. (1985). *The flight from ambiguity.* Chicago: University of Chicago Press.

Sanders, J., Wiseman, R., & Matz, I. (1991). Uncertainty reduction in acquaintance relationships in Ghana and the United States. In S. Ting-Toomey & F. Korzenny (Eds.), *Cross-Cultural interpersonal communication.* Newbury Park, CA: Sage.

Sodetani, L. L., & Gudykunst, W. B. (1987). The effects of surprising events on intercultural relationships. *Communication Research Reports, 4*(2), 1-6.

Sorrentino, R., & Short, J. (1986). Uncertainty orientation, motivation, and cognition. In R. Sorrentino & E. T. Higgins (Eds.) *Handbook of motivation and cognition* (Vol.1). New York: Guilford.

Taylor, D., & Altman, I. (1966, April). Intimacy-scaled stimuli for use in studies of interpersonal relationships (Research Report MF 002.01,03-1002). Bethesda, MD: Naval Medical Research Institute.

Triandis, H. C., Malpass, R., & Davidson, A. (1973). Cross-cultural psychology. *Biennial Review of Anthropology, 24,* 1-84.

辻村明 (1990)「日本人的コミュニケーションの文化背景」(pp.99-122) 辻村明・D.L. キンケード（編）『コミュニケーション理論の東西比較』東京：日本評論社.

第4章

[共著論文 1]

不安と不確実性と認知された
コミュニケーションの有効性

西田 司 (日本大学)

グディカンスト, W. B. (カリフォルニア州立大学)

対人および集団間における効果的なコミュニケーションをテーマにした理論が，グディカンストの不安／不確実性制御（AUM）理論（Nishida, 2016）の1つである。理論には，公理が提示されていて，その1つが，不安と不確実性の制御は，コミュニケーションの効果に直接に影響を与えるというものである。効果的なコミュニケーションとは，不安を制御し，態度や感情や行動を正確に解釈し，説明することである。社会アイデンティティ，個人アイデンティティ，肯定的期待，複合的に情報をプロセスする能力，感情移入といった変数は，効果的なコミュニケーションにおいて間接的な要因である。

　ビルの AUM 理論の1つである効果的なコミュニケーション理論（Nishida, 2016）は，不安と不確実性の高さ，あるいは低さに関する仮説を有している。まず，不安が高い場合，人は単純な情報処理の手段，たとえばステレオタイプに頼り，効果的なコミュニケーションができなくなる。不確実性が高い場合，相手の態度や感情そして行動を帰属する自信が持てなくなる。逆に，不安が低すぎる人はコミュニケーションをしようとする気が減少し，不確実性が非常に低い人は，相手の行動の帰属に必要以上に自信のある人となる。

　アメリカでは，親密さのない対人関係と集団関係において，上記の関係が証明されている（Gudykunst & Shapiro, 1996; Hubbert et al., 1999）。しかし，現時点において，親密さのある対人関係と集団関係における，不安と不確実性とコミュニケーションの有効性については，まだ明らかにされていない。そこで，本章では，知覚したコミュニケーションの有効性に関し，不安と不確実性の影響を一般化して説明できるかどうかについて調査し

た結果を報告する。具体的には，2種類の対人関係（ストレンジャーと親密な友達）と，2つの文化（アメリカと日本）で，変数間の関係を調べた。[1]

不安と不確実性の制御

初対面の人と挨拶を交わすとき，人は，不確かさを感じる。

> 新しい状況では，(…) 安心の欠如である。その状況に存在すると考えられるもの，目的にたどり着く方法，意図した行為に対する考えられる結果について，知りえないことが不安の原因になる。(Herman & Schield, 1961, 原書 p.165, 西田訳）

このような状況で，人は相手の情報を得ようとする（不確実感の減少），また，緊張（不安）を和らげようとする（Ball-Rokeach, 1973）。この不安や不確実性は，初期のコミュニケーションの場で消えることはない。

不安や不確実性の制御は，効果的なコミュニケーションに影響を与える中心的な概念である（Gudykunst, 1995）。たとえば，不安や不確実性を制御するには，人はマインドフルでなければならない。[2]

コミュニケーションの有効性に関する要素は，マインドフル，期待，知覚した類似性，アイデンティティ，自尊心，感情移入の能力，ストレンジャーとの関係などがある。しかし，こうした変数は直接に影響を及ぼさない。有効性に直接影響するのではなく，不安と不確実性に影響するのである。

次頁図1に示すように，二次的変数を6つのカテゴリーに分類

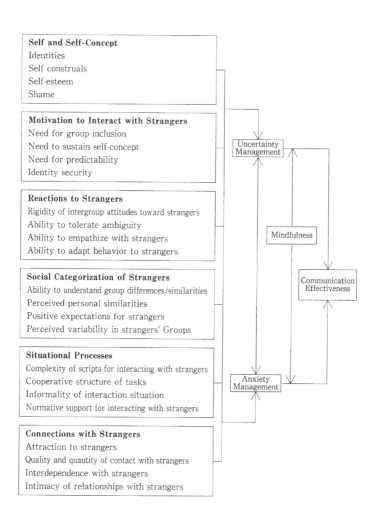

Self and Self-Concept
Identities
Self construals
Self-esteem
Shame

Motivation to Interact with Strangers
Need for group inclusion
Need to sustain self-concept
Need for predictability
Identity security

Reactions to Strangers
Rigidity of intergroup attitudes toward strangers
Ability to tolerate ambiguity
Ability to empathize with strangers
Ability to adapt behavior to strangers

Social Categorization of Strangers
Ability to understand group differences/similarities
Perceived personal similarities
Positive expectations for strangers
Perceived variability in strangers' Groups

Situational Processes
Complexity of scripts for interacting with strangers
Cooperative structure of tasks
Informality of interaction situation
Normative support for interacting with strangers

Connections with Strangers
Attraction to strangers
Quality and quautity of contact with strangers
Interdependence with strangers
Intimacy of relationships with strangers

Uncertainty Management

Mindfulness

Communication Effectiveness

Anxiety Management

図1 グディカンストの不安・不確実性制御理論モデル

し，このような変数が不安と不確実性の制御に影響を及ぼすと
理解する。換言すれば，不安と不確実性の制御が高ければ，コ
ミュニケーション能力は高いということである。

　理論の見方に続いて，不安と不確実性，そして知覚したコミュ
ニケーション能力の関係についてはどうなるか，見てみよう。

（1）不確実性

　相手の態度や感情，信条，価値観，行動といったものを予測
するときに感じる不確実性は，予測の不確実性という（Berger &
Calabrese, 1975）。

　不確実性には，上限と下限がある（Gudykunst, 1993）。[3] 上限
とは，相手の行動を帰属するうえでの最高値であり，下限とは，
相手とのコミュニケーションに退屈しない，あるいは自信過剰に
ならない値（最低値）を意味する。上限を超える，あるいは下限
を下回ると，効果的なコミュニケーションは望めなくなる。不確
実性が上限を上回ると，相手の行動について帰属あるいは説明
する情報は持っていないと思ってしまう。[4] 不確実性が下限を下回
ると，行動の帰属は簡単だと思ってしまう。つまり自信が高いと
いうわけである。しかし帰属自信の高さは，自信過剰と倦怠に関
係し，さらに自信過剰は誤解につながる。

　コミュニケーションが効果的に行われるには，不確実性は上限
と下限の間にあるべきである（Gudykunst, 1993）。上限と下限の
間にあれば，相手の考え方や感情，そして行動を十分自信を持
ち予測することができるが，十分に自信がないとき，人は自信過
剰になることもある。過剰な自信を持たなければ，誤解につなが
る合図に気づくこともある。上限や下限を超えたとき，不確実性

の制御が必要になる。

　相手を知ることにより，一般的に，不確実性は減少する（Hubbert et al., 1999）。しかし，時間の経過により人間関係が変化しても，不確実性は減少するとは限らない。増える場合もある（Planalp, Rutherford, & Honeycutt, 1988）。不確実性は，時間によっても，特定の相互作用によっても変化する。[5]

(2) 不　安

　コミュニケーションをする相手が誰であっても，ある程度の不安を人は経験する。[6] 不安は「一般あるいは特定されない不均等な感覚」（Turner, 1988, p.61, 著者訳）と定義される。何が起こるかについての緊張や不安から，不安は生じる。不安はすべての人が経験し，対応する問題であるが（Lazarus, 1991; May, 1977），対人よりは集団の間でより高い（Gudykunst & Shapiro, 1996; Ickes, 1984; Word, Zanna, & Cooper, 1974）と報告されている。

　コミュニケーションに不安を感じるのは，否定的な期待を持っているからである。アメリカの対人コミュニケーションにおける否定的期待は4種類ある（Stephan & Stephan, 1985）と報告されている。
　(1) 自己概念に対する否定的期待
　(2) 自己の行動に対する否定的期待
　(3) 否定的に評価されることに対する否定的期待
　(4) 内集団の成員から否定的に評価されることに対する否定的期待である。
自己の不安制御のために，人を避けるのである。[7]
　コミュニケーションの動機が生じるには，不安は，上限と下

限の間になければならない。ある程度の不安は，受容的および
社会的な高度の反応となる (Schneiderman, 1960, pp.161-162)。[8]

　一般的に，相手を知れば，不安は減少する (Hubbert et al.,
1999)。しかし，前述したように，人間関係のいろいろなステー
ジにおいて，不安は減少するし，増加もする。

(3) 効果的なコミュニケーション

　コミュニケーションをしたというだけでは，コミュニケーション
に成功したとはいえない。コミュニケーションは，メッセージの
交換と意味の創造であるとグディカンストは定義する (Gudykunst,
1993)。コミュニケーションをするということは，作成したメッセ
ージを送り，相手からのメッセージを解釈することである。

　送り手が意図したように受け手が意味を取れば，コミュニケ
ーションは効果的であったといえる。換言すれば，誤解が少な
ければ少ないほど，コミュニケーションは効果的だったといえる
(Gudykunst, 1993)。メッセージを同じように解釈することが，基
本的子コミュニケーションのフィデリティなのである (Power &
Lowry, 1984)。トリアンディスも相手の行動について同じ解釈を
するのが効果的であると説明している (Triandis, 1977)。

(4) 不安と不確実性と効果的なコミュニケーション

　不安と不確実性の関係について，デメラス (Demerath, 1993)
は，「もの（あるいは人物）の認知がより大きな確実性につなが
れば，たとえば，古い知識や十分でないない。知識の代わりに，
よりよい知識で置き換えることになれば，肯定的な情緒が生まれ
る。少ない確実性につながり，予測能力を害すれば，否定的な
情緒が生まれる」(原書 p.136, 著者訳) と述べている。

デマラス（Demerath, 1993）のアフェクト理論は，不確実性の減少は肯定的な情緒（デマラスのいう信頼）に，そして不確実性の増加は否定的な情緒（デマラスのいう恐れ）に至ることを暗示している。動機に関するターナー（Turner, 1988）の理論は，予測する能力の欠如は不安や信頼の欠如に至るとしている。これら2つの理論からも，不確実性と不安の関係は，肯定的相互関係であることが明らかである。[9]

不確実性と不安の関係に関し，2つの研究が行われた。グディカンストとシャピロは，親密さのない対人関係と集団間の関係を調査した（Gudykunst & Shapiro, 1996）。さらに，文化内および文化間の関係について調べた。そこでは従属変数の相関について報告した。もう1つの調査では，時系列の調査を行った（Hubbert et al., 1999）。この調査では，ヨーロッパ系アメリカ人と非ヨーロッパ系アメリカ人が4回交流し，それぞれの後に日誌（ジャーナル）を書かせて，分析した。

2つの研究は，不確実性と不安の関係を支持した。グディカンストとシャピロ（Gudykunst & Shapiro, 1996）は，アメリカの対人関係と集団間の人間関係における相関が .64 と .79 の間であったことを報告した。もう1つの研究は，16 の相関のうち，13 について .60 であったことを報告した（残りの3つは .40 以上であった）。

グディカンストの AUM 理論（Nishida, 2016）では，不確実性はコミュニケーション効果に直接に影響を及ぼすと説明されている。帰属する自信と知覚したコミュニケーン効果の有効性の関係には，肯定的な関係が報告されている（Gudykunst, Nishida, & Chua, 1986）。不安と不確実性と知覚したコミュニケーションの質の関係についても報告されている（Gudykunst & Shapiro, 1996）。

さらに，不安と不確実性と知覚したコミュニケーションの有効性
の関係について調べた研究では，相関を－.57 から－.71 の範囲
で確認した（Hubbert et al., 1999）。さらに，不安と知覚した効
果の相関は－.42 から－.61 の範囲であった。続いて，不安と不確
実性と知覚したコミュニケーションの質について調べた研究では，
16 の相関のうち，14 について－.60 以上の値を得た（残りの 2 つ
は－.40 以上であった）。不安と知覚されたコミュニケーションの質
の相関に関する 16 の相関のうち 15 は－.50 以上であった（残りは
－.46 であった）。[10]

これまでの研究では，アメリカ人の対人関係と集団関係には，
不安と不確実性と知覚したコミュニケーションの有効性に明らか
に関係があることを示している。さらに，不安と不確実性と知覚
したコミュニケーションの質に対して否定的な関係を持つとされて
いる。グディカンストの理論は，文化を超えて有効であることを
主張しており，本研究にて，次の 3 つの仮説を検証する。

仮説 1 ：人間関係と文化の違いを超えて，不安と不確実性の間
には，肯定の関係が存在する（あるいは，不安と帰属
自信の間には，否定の関係が存在する）。

仮説 2 ：人間関係と文化の違いを超えて，不安は，知覚したコ
ミュニケーションの有効性を否定的に予測する。

仮説 3 ：人間関係と文化の違いを超えて，不確実性は，知覚し
たコミュニケーションの有効性を否定的に予測する。

調査方法

2 つの人間関係（ストレンジャーと親しい友達）と，2 つの文化
背景（アメリカと日本）のデータを集めた（Gudykunst & Nishida,

1994)。ストレンジャーの関係を外集団の人間関係とし，親しい友達を内集団の関係とした。ストレンジャーと親しい友達という観点は，日米の調査から，知覚した親密度に明らかな違いがあることが確認されていたからである（Gudykunst & Nishida, 1986a）。日本人の知覚した親密度（1 = 親密である，9 = 親密でない）は，ストレンジャーの関係では 7.99 で，親しい友達では 1.83 であったところ，アメリカの値はそれぞれ 8.35 と 2.85 であった。

（1）被験者

　被験者は全体で 373 名の大学生であった（内訳は米国 208, 日本 165）。アメリカのサンプルは男性 76 名，女性 132 名，日本のサンプルは男性 72 名，女性 93 名であった。アメリカのサンプルはヨーロッパ系が 96 名，アジア系が 58 名，ラテン系が 39 名，アフリカ系が 6 名，その他が 10 名であった。学年については，日米均等だった。年齢については，アメリカのサンプル平均 22.95 歳（SD = 6.60），日本のサンプル平均 20.03 歳（SD = 1.12）であった。

（2）質問紙

　2つのバージョンの質問紙を作成した。1つは，同性の特定のストレンジャーについて回答してもらった。[11] 質問紙はランダムに配り，回収した。アメリカのサンプルでは，101 名がストレンジャーのバージョンに回答し，108 名が親しい友達のバージョンに回答した。日本のサンプルでは，82 名がストレンジャーに回答し，84 名が親しい友達に回答した。

　2つのバージョンによる「操作」は，2つの質問で行い，確認した。第一の質問は「この人物は，どの程度，あなたの属する内集団の人ですか（あるいは外集団の人ですか）」とした。回答の選択肢は，「1＝明らかに内集団の人ではない」から「7＝明らかに内集団の人です」であった。

　日本人サンプルでは，ストレンジャーと親しい友達の回答に，大きな違いがあることがわかった（F [1, 163] = 77.55, p<.001; ストレンジャー = 3.19，親しい友達 = 5.51）。アメリカ人サンプルでも，ストレンジャーと親しい友達の間に大きな違いがあることがわかった（F [1, 206] = 91.48, p<.001; ストレンジャー = 4.00，親しい友達 = 6.00）。

　ストレンジャーとのコミュニケーションよりも，親しい友達とのコミュニケーションにより親密さを感じていることを明らかにするため，第二の質問として「全体的に，ストレンジャー（あるいは親密な友達）とのコミュニケーションに，どの程度の親密さを感じますか」を含めた。回答は「1＝親密でない」から「7＝たいへん親密である」である。両方の文化で，2つの関係の間に大きな違いがあった（日本：F [1, 163] = 001; ストレンジャー = 3.54, 親しい友達 = 5.63）。

　調査票は英語で作成し，日本語にも訳した。複数のバイリンガルの人々によりチェックされた。[12]

（3）不安の測定

　不安の測定は，ステファンとステファン（Stephan & Stephan, 1985）を参考にして，11項目を作成した。項目は，「私はこの人物とのコミュニケーションで，_____と感じた」の形にした。その空

所に，11の言葉（形容詞）を入れ，それぞれに，どの程度項目の内容に賛成するのかを「1＝強く賛成しない」から「7＝強く賛成する」の範囲で答えてもらった。

　数値が高いことは，不安が高いという意味である。11項目の信頼値は，日本 alpha = .84 で，アメリカ alpha = .88 であった。

（4）不確実性の測定

　不確実性の測定項目は，予測する自信の調査で使用した項目を修正した（Gudykunst & Nishida, 1986b）。もともとホール（Hall, 1976）の低コンテクストの議論に基づくもので，クラターバック（Clatterbuck, 1979）の予測の不確実性尺度を取り入れた（たとえば，「彼（彼女）の行動について予測する，あなたの全般的な能力について，あなたはどれくらい自信がありますか」）。予測する自信は，不確実性の減少によるものである（Hall, 1976）。

　高コンテクストの例は「あなたとコミュニケーションをしているこの人物があなたの言動を察してコミュニケーションをするということに，あなたはどの程度自信を持てますか」であるが，今回の表現を「この人物の行動を予測する能力に自信があった」とした。回答の仕方は，不安の形式と同じである。数値が高いことは，不安が高いという意味である。11項目の信頼値は，日本 alpha = .89 で，アメリカ alpha = .93 だった。[13)]

（5）知覚したコミュニケーションの有効性

　これは，5つの項目で測定した。不安と同じである。数値が高いことは不安が高いという意味である。5項目の信頼値は，日本 alpha = .71 で，アメリカ alpha = .82 だった。

結　果

　不安と不確実性が上限と下限の間にあるならば，不安と不確実性と知覚したコミュニケーションの有効性の間には，何らかの関係があるというのが，理論の主張するところである（Gudykunst, 1993, 1995）。上限と下限を確認した研究はまだない。4つのサンプルの不安と不確実性の平均を調べることは，この仮説を確かめることになる。次頁表1に4つのサンプルから，3つの変数の平均を示したが，限界を超えたものはなかった。つまり，仮説は否定されなかったということになる。

　変数の相関は，次頁表2に示した。不安と帰属自信の相関は -.26 から-.50 の範囲であった。ゆえに，仮説1を支持した。
　不安と知覚された有効性の相関は-.54 から-.63 の範囲であった。ゆえに，仮説2を支持した。
　帰属自信と知覚したコミュニケーションの有効性の相関は .42 から .73 の範囲であった。ゆえに，仮説3を支持した。
　不安と不確実性と知覚した有効性の関係について，回帰分析を行った。[14] アメリカのストレンジャーの分析は有意であった（adj. R2 = .37, F [2, 98] = 28.35, p<.001）。帰属自信（B = .16, SE = .09, Beta = .15, t = 1.79, p<.05）と不安（B = -.52, SE = .09, Beta = -.53, t = -6.04, p<.001）は，知覚された有効性に有意な効果を認めた。[15] ベータの比較では，不安は，知覚された有効性に対する帰属自信の効果の3倍であった。

　アメリカの親しい友達の分析で，有意な回帰エフェクトがあった（adj. R2 = .62, F [2, 105] = 86.41, p<.001）。帰属自信（B = .62,

表1　サンプルの平均とSD

| 変数 | アメリカ | | | | 日本 | | | |
| | ストレンジャー | | 親密な友達 | | ストレンジャー | | 親密な友達 | |
	M	SD	M	SD	M	SD	M	SD
帰属自信	4.26	.89	5.64	.72	3.70	.84	4.81	.87
不安	2.99	.96	2.20	.83	3.41	.95	2.64	.72
知覚された有効性	5.48	.95	6.02	.80	4.54	.95	5.17	.73

表2　変数の相関値**

サンプル	AC/AX	AC/EFF	AX/EFF
アメリカ　ストレンジャー	-.41	.37	-.59
アメリカ　親密な友達	-.50	.73	-.63
日本　ストレンジャー	-.38	.42	-.54
日本　親密な友達	-.26*	.48	-.56

* この相関のみ p = .01 で，その他はすべて p = .001
**AC＝帰属自信；AX＝不安；EFF＝知覚されたコミュニケーションの有効性

$SE = .08$, Beta = .56, $t = 8.01$, p<.001）と不安（B = -.33, SE = -.07, Beta = -.34, $t = -4.95$, p<.001）は，知覚された有効性に有意な効果を認めた。ベータの比較では，帰属自信は，不安よりも知覚した有効性により大きな影響があった。

　日本のストレンジャーの分析では，回帰エフェクトがあった（adj. R2 = .35, F [2, 79] = 20.98, p<.001）。帰属自信（B = .28, SE =

82

.11, Beta = .25, t = 2.52, p<.01) と不安 (B = -.44, SE = .10, Beta = -.45, t = -4.59, p<.001) は，知覚された有効性に有意な効果を認めた。ベータの比較では，不安は帰属自信よりも，知覚された有効性に有意な効果を認めた。

　日本の親しい友達の分析で，有意な回帰エフェクトがあった (adj. R2 = .43, F [2, 81] = 30.42, p<.001)。帰属自信 (B = .30, SE = .07, Beta = .36, t = 4.10, p<.001) と不安 (B = -.47, SE = .09, Beta = -.46, t = -5.34, p<.001) は，知覚された有効性に有意な効果を認めた。ベータの比較では，不安は，帰属自信よりも，知覚した有効性により大きな影響があった。

考　察

　不安と不確実性は，人間関係と文化の違いを超えて，適度の関係があったことを今回のデータは示した。さらに，人間関係と文化の違いを超えて，不安は知覚したコミュニケーションの有効性を否定的に予測する。そして帰属自信は，知覚したコミュニケーションの有効性を肯定的に予測すること示した。これらの結果から，理論の主たる公理を一般化できることがわかった。日米の対人関係と集団の関係において，知覚したコミュニケーションの有効性に関し，不安と不確実性の制御は主たるプロセスであることをデータは示した。

　アメリカのデータからいえるのは，ストレンジャーと親しい友達に関して，ストレンジャーの不確実性制御の状況的役割に関するルールに違いがあるのではないか，ということである。たとえば不安は，親しい友達よりもストレンジャーの有効性を予測するときに効果があり，不確実性はストレンジャーよりも友達の有効

性を予測するとき効果がある。状況のルールは，ストレンジャーの行動を予想するが，親しい友達の行動についてはそうでない。ゆえに，不確実性は，親しい友達よりもストレンジャーに，知覚したコミュニケーションの有効性を予測するには，大きな役割を果たさない。親しい友達の行動を帰属する自信は重要である。帰属するのに自信がなければ，アメリカ人はコミュニケーションの困難さを予期してしまう。ストレンジャーの行動の帰属に自信がなくても，利害関係は少ないからである。[16]

　アメリカにおいては，不安はストレンジャーの不確実性よりも，知覚したコミュニケーションの有効性を予測する目安となる。状況的ルールはストレンジャーの行動を予測する方向を示す。しかし，ストレンジャーとの交流は不安を生み出す（Stephan & Stephan, 1985）。状況はある程度の予測を可能にするので，不安はストレンジャーの有効性を予測することにも寄与するのはうなずける。

　日本のデータから，知覚されたコミュニケーションの有効性を予測するには，不確実性より不安の影響のほうがはるかに高い。これは，日本の文化的特徴と一致していて，不確実性を回避する特徴をよく表している（Hofstede, 1980）。不確実性回避の高い文化は，他人との交流に対して高い不安を持つものである。不安を制御できれば，他人の行動を理解することができるようになる。

　人間関係と文化の違いを超えて，不安と不確実性は知覚したコミュニケーションの有効性の目安であることを今回の結果は示している。しかし，これからの調査で確認しなければならない点がいくつかある。

　1つは，上限と下限に関する点である。一人ひとりの不安と不

確実性の上限と下限を測定する方法を作ることである。上限と下限の範囲の中，およびその範囲を外れた場合の予測について，実際に測定することが重要である。

　さらに，上限と下限を超えた場合，質的および量的な変化が起こるのかどうかについて調べなければならない。グディカンスト（Gudykunst, 1995）は，上限と下限を超えると，破滅的になるとしている。つまり，有効性に大きな変化が現れる。それは，カタストロフィー理論（Tesser, 1980）に基づいての発言であるが，1つの変数が破滅的な数値になれば，別の変数が突然不連続な変化をするのではないかと考えられる。

　グディカンストは，不安と不確実性が上限を超えれば，コミュニケーションは効果的でない。不安と不確実性が下限を下回れば，有効性は急激に減少する。不安と不確実性が上限と下限の間にあれば，不安と不確実性が直接に，コミュニケーションの有効性に影響を及ぼす。中間にあれば，この理論が正しいと言える。この点にいては，いくつかの論文が支持している（本論文，Gudykunst & Shapiro, 1996; Hubbert et al., 1999）。

　もう1つの問題は，不安と不確実性と実際のコミュニケーションの有効性の関係を明らかにすることである。予測段階の不安の自信は，実際のコミュニケーションの有効性を予測していないかもしれない。これからの調査は，不安と予測の正確さと，コミュニケーションの有効性を明らかにすることである。そのためには予測を正確に測定するもの，そして，コミュニケーションの有効性を測定するものを作らなければならない。

注

1) 本書のために，改めて加筆訂正した（Gudykunst & Nishida, 2001）。

2) マインドフルは，(1) 新しいカテゴリーの創造，(2) 新しい情報への開放性，(3) もう1つの見方への気づき，と定義される（Langer, 1989）。

3) グディカンストは，上限と下限という範囲のものとして見ている（Gudykunst, 1995）。それぞれを超えると，コミュニケーションの効果は直線的な変化をしなくなる。大幅に，有効性が落ちる。上限と下限は，個人によって異なると見ている。

4) 不確実性が高いとき，文化によって，人は異なる行動をする。ヨーロッパ系アメリカ人は個人に関する情報を得ようとするが，日本人は集団に関する情報を得ようとし（Gudykunst & Nishida, 1986b），アメリカの原住民は黙る（Basso, 1970）。

5) 不確実性は人間関係により，減少あるいは増加する。この点に関する議論はプラナルプら（Planalp et al, 1988）を参照願いたい。

6) グディカンスト理論の不安は，マクロスキーの論じる不安よりも範囲が広いが，共通する部分も多い（McCroskey, 1984）。

7) 民族間のコミュニケーションに関する調査は，回避が最も多く使われる手段であると報告している（Crosby, Bromley, & Saxe, 1980）。

8) 恐れの中間レベルは，適応のプロセスにつながるが，高すぎたり低すぎたりすると，うまくいかないとするジャニスの理論と矛盾しない（Janis, 1985）。ある程度の不安については，Csikszentmihalyi の議論（1990）とも矛盾しない。

9) この関係は，上限と下限の間にあるときに成立する。

10) カオとグディカンストは，異文化の適応に関して，不安と不確実性に明らかな影響を見いだした（Gao & Gudykunst, 1990）。

11) 異性の友達に対するバージョンを含め，5つのバージョンを回収したが，本論文では2つのバージョンのみの分析を行った。

12) 翻訳には，ハセガワ.T，ミスミ.C，マツモト.Y，ナカニシ.Y，フジモト.K，クロギ.A の5氏の協力を得た。

13) グディカンストの項目の1つ「彼（女）を，どれくらい知っていますか」は今回含めなかった。その理由は，項目が知覚された有効性の項目と混乱させないためだった。

14)アメリカのサンプルには，複数の人種背景の集団が入っているので，ヨーロッパ系，アジア系，ラテン系それぞれの集団について別途分析を行った。その結果は，次に述べる全体の分析結果と一致した。

15)これを含めすべての分析における許容誤差は .60 以上である。

16)この観点は，査読者の1人から示されたものである。

引用文献

Ball-Rokeach, S. (1973). From pervasive ambiguity to definitions of the situation. *Sociometry, 36*, 378-389.

Basso, K. (1970). To give up on words: Silence in western Apache culture. *Southern Journal of Anthropology, 26*, 213-230.

Berger, C. R., & Calabrese, R. (1975). Some explorations in initial interactions and beyond: Toward a developmental theory of interpersonal communication. *Human Communication Research, 1*, 99-112.

Clatterbuck, G. (1979). Attributional confidence and uncertainty in initial interactions. *Human Communication Research, 5*, 147-157.

Crosby, F., Bromley, S., & Saxe, L. (1980). Recent unobtrusive studies of black and white discrimination. *Psychological Bulletin, 87*, 546-563.

Csikszentmihalyi, M. (1990). *Flow: The psychology of optimal experience*. New York: Harper & Row.

Gao, G., & Gudykunst, W. B. (1990). Uncertainty, anxiety, and adaptation. *International Journal of Intercultural Relations, 14*, 301-317.

Gudykunst, W. B. (1993). Toward a theory of effective interpersonal and intergroup communication: An anxiety/uncertainty management perspective. In R. L. Wiseman& J. Koester (Eds.), *Intercultural communication competence* (pp.33-71). Newbury Park, CA: Sage.

Gudykunst, W. B. (1995). Anxiety/uncertainty management

(AUM) theory: Current status. In R. Wiseman (Ed.), *Intercultural communication theory* (pp.8-58). Thousand Oaks, CA: Sage.

Gudykunst, W. B., & Nishida, T. (1986a). The influence of cultural variability on perceptions of communication behavior associated with relationship terms. *Human Communication Research, 13,* 147-166.

Gudykunst, W. B., & Nishida, T. (1986b). Attributional confidence in low- and high-context cultures. *Human Communication Research, 12,* 525-549.

Gudykunst, W. B., & Nishida, T. (1994). *Bridging Japanese/ North American differences.* Thousand Oaks, CA: Sage.

Gudykunst, W. B., & Nishida, T. (2001). Anxiety, uncertainty, and perceived effectiveness of communication across relationships and cultures. *International Journal of Intercultural Relations, 25,* 55-71.

Gudykunst, W. B., Nishida, T., & Chua, E. (1986). Uncertainty reduction in Japanese/North American dyads. *Communication Research Reports, 3,* 39-46.

Gudykunst, W. B., & Shapiro, R. (1996). Communication in everyday interpersonal and intergroup encounters. *International Journal of Intercultural Relations, 20,* 19-45.

Hall, E. T. (1976). *Beyond culture.* New York: Doubleday.

Herman, S., & Schield, E. (1961). The stranger group in cross-cultural interaction. *Sociometry, 24,* 165-176.

Hofstede, G. (1980). *Culture's consequences.* Beverly Hills, CA: Sage.

Hubbert, K., Gudykunst, W. B., & Guerrero, S. (1999). Intergroup communication over time. *International Journal of Intercultural Relations, 23,* 13-46.

Ickes, W. (1984). Composition in black and white. *Journal of Personality and Social Psychology, 47,* 330-341.

Janis, I. (1985). Stress inoculation in health care. In A. Monat & R. Lazarus (Eds.), *Stress and coping* (pp.330-355). New

York: Columbia University Press.

Langer, E, (1989). *Mindfulness*. Reading, MA: Addison-Wesley.

Lazarus, R. (1991). *Emotion and adaptation*. New York: Oxford University Press.

May, R. (1977). *The meaning of anxiety*. New York: Ronald.

McCroskey, J. C. (1984). The communication apprehension perspective. In J. A. Daly & J. C. McCroskey (Eds.), *Avoiding communication* (pp. 13-38). Beverly Hills, CA: Sage.

Nishida, T. (2016). Anxiety/uncertainty management (AUM) theory. In C. R. Berger and M. Roloff (Eds.), *The International Encyclopedia of Interpersonal Communication*. (Vol. 1, pp. 40-50) UK: John Wiley & Sons.

Powers, W., & Lowry, D. (1984). Basic communication fidelity. In R. Bostrom (Ed.), *Competency in communication* (pp.57-71). Beverly Hills, CA: Sage.

Planalp, S., Rutherford, D., & Honeycutt, J. (1988). Events that increase uncertainty in personal relationships II. *Human Communication Research, 14*, 516-547.

Schneiderman, L. (1960). Repression, anxiety and the self. In M. Stein, A. Vidich, & D. White (Eds.), *Identity and anxiety* (pp.157-165). Glencoe, IL: Free Press.

Stephan, W., & Stephan, C. (1985). Intergroup anxiety. *Journal of Social Issues, 41*, 157-166.

Tesser, A. (1980). When individual dispositions and social pressures conflict: A catastrophe. *Human Relations, 33*, 393-407.

Triandis, H. C. (1977). *Interpersonal behavior*. Monterey, CA: Brooks/Cole.

Turner, J. H. (1988). *A theory of social interaction*. Palo Alto, CA: Stanford University Press.

Word, C., Zanna, M., & Cooper, J. (1974). The nonverbal mediation of self-fulfilling prophecies. *Journal of Experimental Social Psychology, 10*, 109-120.

写真③　1987年 SCA 学会賞プレート。アリゾナ州立
　　　　大を訪問した際に、夫人のジャージアとビル
　　　　のいるところで、昨年の学会賞の盾を受ける。

第5章

[共著論文2]

文化アイデンティティの強さ

西田 司（日本大学）

グディカンスト, W. B.（カリフォルニア州立大学）

その人の行動を理解するには，その人の持つ価値観を理解しなければならない。複数ある中で1つの行動を選択するということは，その人の持つ価値観が働いているからだとロキーチはいう（Rokeach, 1972）。価値観は人格の中核にあり，行動に直接の影響を与え，自尊心を維持し，高揚させるものであるとボール-ロキーチら（Ball-Rokeach, Rokeach, & Grube, 1984）は論じた。

　人は社会化により，価値観を身につける。個人の行動は，文化の価値観と個人の価値観に影響を受ける。文化の価値観は，さまざまの状況における目的遂行のための広い指針を示すものであり，文化規範と規則に影響を及ぼす。個人の価値観は，個々の状況の行動に対し，特定の指針を示し（Feather, 1990），個々の行動に関係している（Feather, 1995）。個人の価値観はコミュニケーションのスタイルに影響する（Gudykunst, Matsumoto, Ting-Toomey, Nishida, Kim, and Heyman, 1996）。

　文化の価値観の研究では，文化レベルの個人主義と集団主義に注目する。個人主義 Individualism，集団主義 Collectivism の頭文字をとり，IC と省略する。IC は，シュワルツらにより，文化的変数として用いられている（Hofstede, 1980; Kluckhohn & Strodtbeck, 1961; Triandis, 1988, 1990, 1995）。シュワルツらは，IC に関する価値観を選別した（Schwartz, 1992, 1994a, 1994b, Schwartz & Bilsky, 1987, 1990; Chinese Culture Connection, 1987）。文化に支配的な価値観は，個人の身につける価値観に影響を及ぼすが，個人の身につけた価値体系は文化的価値体系と異なることがある（Schwartz, 1992）。

　個人主義文化であれ，集団主義文化であれ，個人レベルの個人の価値観あるいは集団の価値観を持つことに影響を及ぼす要素はいくつかある。その1つは自文化へのアイデンティティである，つまり成員としてのアイデンティティの強さ，あるいは弱さである。アイデンティティの強い人は，文化レベルの価値観と個人レベルの価値観が一致する。反対に，自文化へのアイデンティティが強くない人は，自分の持っている個人レベルの価値観と文化レベルの価値観は一致しない。

　IC に関する研究から，文化レベルの価値観に明らかな違いがありながら，個人レベルの価値観に一致した結果が報告されていない文化は，日本と米国であることが明らかになった (Gudykunst & Nishida, 1994)。本章では，文化アイデンティティの強さと，文化が個人レベルの価値観にどのような影響を及ぼすかについて，2つの調査を実施し，報告する。

IC と価値観

　文化内および文化間における個人の行動を説明するには，文化と個人の両方のレベルで，IC がどのように作用しているかについて明らかにしなければならない。まず，IC の価値観について，2つのレベルについて概観する。

(1) 文化レベル

　個人主義文化の人々は，集団の目的よりも個人の目的を重視し，集団主義文化の人々は個人の目的よりも集団の目的を重視する (Triandis, 1995)。個人主義文化においては，個人の責任は自分自身と直接の家族のみである。集団主義文化では，個人は集団に属し，忠誠の見返りとして世話をしてもらい，面倒をみてもら

う（Hofstede, 1980）。内集団とは，成員同士が互いの幸福にか
かわり協力するものの，見返りを望まない人間関係から成る集団
である。内集団は個人主義文化よりも，集団主義文化における方
が重要であるとトリアンディスは述べている（Triandis, 1988）。集
団主義は協調と団結を意味し，成員との温かい一体感というべ
き感傷的な情緒が日本人には広く共有されている（Lebra, 1974）。

　日本はアメリカよりも集団主義的である（Gudykunst & Nishida,
1994）。この見方に対する批評の1つは，集団モデルの見方から
である（Befu, 1980a, 1980b）。ベフは，個人的特質の軽視の問題
を指摘する。集団モデル，つまり，トリアンディスらのいう集団
主義は公的なレベルを説明することはできるが，個人的なレベル
は説明できないとベフは考える。この見解は，次の点と一致する。
つまり，日本は全体的に「ヨコ」であるが，テーマによって価値
志向（ヨコ，タテ，個人）は異なるという結果が報告されている
（Caudill, 1961）。
　第二次世界大戦以前に生まれた日本人は集団主義であるが，
若い者は個人主義になってきているという。たとえばミヤナガ
（Miyanaga, 1991）は，芸術家，ファッション業界，スモールビジ
ネスといった周辺で，個人主義が成長していると指摘し，自己実
現のための既成組織からの離脱は消極的な個人主義の1つの形
であると見ている。

　個人主義を強調すると，アメリカ文化の集団主義の傾向を見
落とすことになる（Bellah, Madsen, Sullivan, Swidler, & Tipton,
1985; Kluckhohn & Strodtbeck, 1961; Waterman, 1981; Wuth-
now, 1991）。たとえば，クラックホン＆ストロドベック（Kluckhohn

& Strodtbeck, 1961) は，アメリカでは個人主義が支配的である
が，ヨコとタテ（両方とも集団主義の形）も行動に影響を与える
という。

　ホフステード&ボンド（Hofstede & Bond, 1984）は，ロキーチ
（Rokeach, 1973）の価値サーベイのデータから文化的な側面を抽
出し，救済と刺激的な生活は，ホフステード（Hofstede, 1980）の
文化レベルにある個人主義的側面に関係することを明らかにした。
　シュワルツは，IC に関する文化レベルの価値観を抽出した
（Schwartz, 1994b）。保守性は集団主義に関係し，文化レベルの
価値観であり，親密で協調的な人間関係を重視する社会で重要
であると説明した。知性と情緒的自立性は個人主義に関係してい
る。これらの価値観は，人は個人的な興味や目的を追求するも
のであるとみる社会にとって重要である（p.102）。保守性につい
て，日米で統計的な違いはなかった（US=3.90, J=3.87）。情緒
的自立性については，いくぶん違いを見いだしたが（US=3.65, J
=3.54），予測した方向とは反対に違いを見いだした（US=4.20, J
=4.68）。

　中国人の観点から文化の価値観を検討した報告によると，ホフ
ステードの集団主義と相関する社会的融合ファクターに，許容性，
協調性，非競合性，伝統への敬意，儀式や社会習慣の保持な
どが含まれていた。この側面は，日本の数値はアメリカよりも高
かった（日本=4.97, アメリカ=2.84）。

　異文化行動の違いを説明するとき，文化レベルの IC がよく使
われる（たとえばトリアンディス（Triandis, 1990））。しかし文化の

変異性を用いて個人の行動を説明するのは無理がある（Kashima, 1989）。第一の問題は，因果関係で説明しようとすることである。文化レベルの説明に基づき行動を因果関係で説明するのは不可能である（文化は，実験でコントロールすることができない）。第二の問題は，個人主義文化と集団主義文化を分けられないという問題である。ホフステードら（Hofstede, 1980; The Chinese Culture Connection, 1987）は，IC を含む文化レベルの数値を示しているが，文化レベルの数値と必ずしも一致しない。実際，日米の大学生のデータでは，アメリカ人学生よりも日本人学生の方が，個人主義的である（Triandis, et al., 1988）。個人レベルのIC を考慮する必要がある。

(2) 個人レベル

　個人レベルの IC のとらえ方には，(1) 性格として，たとえば，イデオセントリズムとアロセントリズム（Triandis et al., 1985），(2) 価値観の違いとして（Schwartz & Bilsky, 1987），(3) 自己概念として（Markus & Kitayama, 1991）の3つがある。ここでは，個人主義的価値観と集団主義的価値観という点に注目する。

　個人行動への文化的 IC の影響には，価値観が介在する（Gudy-kunst et al., 1996）。文化の価値観は，行動に直接影響するが，社会化のプロセスを通して個人の価値観を習得したとき，間接的にも影響する。文化の価値観と個人の価値観は，一般的に一致するものであるが，一致しないところもある（Schwartz, 1994b）。
　シュワルツ（Schwartz, 1992）は個人の価値観から，11 の動機的領域を抽出し，価値観の構成と具体的な価値観を明らかにした。11 の価値領域は，個人主義的，集団主義的，あるいは双方

混合に対応している。たとえば，刺激（刺激的な生活），ヘドニ
ズム（快楽），パワー（権威），業績（社会的認知），セルフ・ディ
レクション（自主・独立）は個人主義的に対応し，伝統（伝統へ
の敬意），従順（自己修養），慈善の心（役立つ）は集団主義的に
対応し，安全（社会的秩序），普遍性（平等），精神的（内面的
調和）は双方混合に対応している。人は個人主義的な価値観と
集団主義的な価値観を持っていて，それが必ずしも対立しないの
である。

　価値観に関する研究は，日米で数多く行われている。トリアン
ディスは，日本人の持つ価値観を安らかさ，美的満足，心の安
らぎ，自信，責任，平和，適応性，そしてアメリカ人の価値観を
個人の成長，自信，地位，安らかさ，業績，楽しみと報告して
いる（Triandis, 1972）。ロキーチは，アメリカ人は日本人よりも実
利的業績に価値を置く一方，日本人はアメリカ人よりもヘドニズム
に価値を置くことを見いだした（Rokeach, 1973）。最近のグディカ
ンストらの研究では，個人主義的価値観に関して，日米のサンプ
ルに統計的になんら違いを見いださなかった（US＝5.85, J＝5.80）。
しかし，アメリカ人のサンプルよりも日本人サンプルの方がより多
く集団的価値観を持っていたと報告している（US＝4.77, J＝5.02）
（Gudykunst et al., 1996）。
　個人レベルの価値観は，文化レベルの価値観のパターンと一致
しない（Zavalloni, 1980）。その原因の1つは，社会化のプロセス
は決定論的でないことである。つまり，集団主義文化で個人主
義になる人もいれば，個人主義的文化で集団主義の人もいるとい
うことである。1つの説明は，文化的変異あるいは文化的変容で
ある。もう1つの説明は，集団主義的価値観を持たない日本人は，

自分を自分の文化に同一視しないからである。この文化アイデンティティについては，次節で考察する。

個人の価値観

　文化アイデンティティは，社会アイデンティティの1つである。社会アイデンティティは，個人の自己概念である。自己概念は，特定の社会集団の成員であることから得た知識から作り上げられるものであり，集団の価値と情緒的な重要さを伴っている（Tajfel, 1978）。社会アイデンティティは，身上調査的カテゴリー（国籍，人種），フォーマルあるいはインフォーマルな組織の成員，個人の役割，職業あるいは特定の集団の成員といったものに基づくのである。社会アイデンティティは，行動に影響する。たとえば，言葉の使い方やコミュニケーション行動の仕方に現れる（Abrams & Hogg, 1990）。

　国レベルの文化アイデンティティは，マスメディアによるシンボルの使い方から影響を受ける（Billig, 1995）。シンボルの使用は，文化を呼び起こす一方，注意せずに使用してしまうものである。文化アイデンティティは，自己を定義するときの準拠体系となるとともに，人間関係を順序付けるための準拠体系でもあるとベリーは述べる（Berry, 1980）。文化的および民族的アイデンティティの両面を併せ持ち，文化にその個人が適合しているかどうかを判断するためのモデルを提示している（Berry, 1990）。

　文化アイデンティティは，異文化の状況にいる人の反応（Berry, 1980, 1990）と，新しい文化的状況に対する個人の反応（Kosmitzki, 1996）を説明する要因として使われることが多い。文化アイデンティティを含む社会アイデンティティは，異文化の状況で作用す

る価値観に影響を与える（Zavalloni, 1972）。

　個人の持つ文化アイデンティティの強さは，個人の価値観に影響を与える。文化アイデンティティの強さは，個人が自己の文化の成員として，どれほどのアイデンティティを持っているかの度合いを示す。換言すれば，文化の成員であることに，どれほどの重要さを置いているか，自己を定義するとき，成員であることが定義の中心を占めているか，といったその度合いを意味する。文化アイデンティティの強さと，文化は相互作用する。つまり文化に強いアイデンティティを持つ学生は，そうでない学生とは違った価値観を持つ。個人主義的価値観と集団主義的価値観の持ちようを，文化との関係に例えるならば，日本文化に強いアイデンティティを持つ学生は集団主義的価値観を持ち，強いアイデンティティを持たない学生は個人主義的価値観を持つだろう。反対に，アメリカ文化に強いアイデンティティを持つ学生は個人主義的価値観を持ち，強いアイデンティティを持たない学生は集団主義的価値観を持つだろう。

　以上の仮説を検証する目的で2つの調査を実施した。この2つの調査は同じ仮説を検証したので，結果と考察を1つの論文にまとめることにした。

調査I

被験者：日米合わせて364名の学生の参加を得た。内訳は，アメリカ人学生210名（男性104名，女性94名，性別を明らかにしなかったもの12名），日本人学生164名（男性68名，女性94名，性別を明らかにしなかったもの2名）だった。アメリカ人学生の平均年齢は21.96歳（SD＝3.98），日本人学生は20.56歳（SD＝1.50）だった。

尺度：調査票を作成した。尺度は，英語と日本語で準備した。文化アイデンティティの強さ，セマンテック・ディフェレンシャル形式の3つの項目（6段階評価）で測定した。具体的には，自分の文化の成員であることは，(1) 自己定義は重要ではない——自己定義は重要である (2) 自分を定義しない——自分を定義する (3) 自分が何者であるかを常に認知するのは重要でない——自分が何者であるかを常に認知することは重要である，の3項目である。信頼性（alpha）はアメリカ人サンプルでは .76，日本人サンプルでは .73 であった。

　3つの項目は文化内で平均化し，強・弱の文化認識を定義するために中央値で分けた（アメリカンサンプル中央値＝4.33，日本サンプル中央値＝3.50）。

　ロキーチの価値観サーベイから，8つの価値観を本調査で用いた。(1)協力（人と一緒に働くこと），(2)自由（独立，選択の自由），(3)服従（親や上司の指示通りにすること），(4)快楽（愉快で楽しい生活），(5)自己犠牲（愛他主義），(6)自立（他人からの独立），(7)平等（すべてに対して平等の機会），(8)社会的認知（尊敬，人から称賛されること）である。6段階評価を用いた：ぜんぜん重要でない (1) ―たいへん重要である (6)。

結果：MANOVA を用いた。8つの価値観を従属変数として，文化（日本―US），文化アイデンティティの強さ（弱―強）を独立変数とした。文化と文化アイデンティティの相互作用は有意であった（Wilk's lambda＝.95, F[8,327]＝1.96, p<.05）。

　4つのテストで有意：自由（F[1, 334]＝3.6, p＝.06, eta2＝.01），快楽（F[1, 334]＝6.63, p<.01, eta2＝.02），自己犠牲（F[1, 334]＝

3.06, p=.08, eta2=.01), 社会的認知 (F[1, 334]=4.15, p<.05, eta2 =.01)。

　文化と強く同一視したアメリカの被験者 (M=5.48) は，弱く同一視した被験者 (M=5.30; t=1.80, p<.05) よりも自由の数値が高かった。有意ではないが，日本人サンプルには逆のパターンが見られた（弱ID=5.36, 強ID=5.22, t<1, p=ns）。文化と強く同一視したメリカ人サンプル (M=5.50) は快楽で，弱く同一視したサンプル (M=5.16, t=3.40, p<.05) よりも高い平均値を示した。

　日本人サンプルは逆のパターンを示したが，有意ではなかった（弱ID=5.27, 強ID=5.16, t<1, p=ns）。アメリカ人サンプルの社会的認知も似たようなパターンになった（弱ID=4.67, 強ID=5.08, t=2.93, p<.05) が，日本人サンプルのアイデンティティの強さの違いは小さかった（弱ID=4.51, 強ID=4.57, t<1, p=ns）。

　自己犠牲に関して，文化と強いアイデンティティを示した日本人サンプル (4.09) は，弱いアイデンティティを示したサンプル (3.69, t=2.0, p=ns) よりも高い数値を示した。アメリカ人サンプルのアイデンティティの強さによる違いはほとんどなかった（弱ID=4.39, 強ID=4.31, t<1, p=ns）。平均値は次頁表1にまとめた。

　文化アイデンティティの強さのメインエフェクトは有意ではなかった (Wilk's lambda=.97, F[8, 327]=1.25, p=ns)。文化のメインエフェクトは有意であった (Wilk's lambda=.84, F[8, 327]=7.69, p<.001)。

　3つの単数変量分析で有意：自己犠牲 (F[1, 334]=12.95, p<.001, eta2=.04)，自立 (F[1, 334]=25.98, p<.001, eta2=.08)。社会的

表1　変数の平均値：調査Ⅰ

	日本		米国	
	弱	強	弱	強
協力	4.72	4.90	4.76	4.99
自由	5.36	5.22	5.30	5.48
服従	3.83	4.01	3.80	4.21
快楽	5.27	5.16	5.16	5.50
自己犠牲	3.69	4.09	4.39	4.31
自立	5.35	5.28	4.76	4.74
平等	5.21	5.22	5.24	5.19
社会的認知	4.51	4.57	4.64	5.08

認知（F[1, 334]＝7.55, p<.01, eta2＝.02）。

　自己犠牲と社会的認知に関するアメリカ人サンプルの平均値は，日本の平均値よりも高かった。自立に関する平均値は，アメリカ人サンプルよりも日本人サンプルの方が高かった。自己犠牲と自立に関する結果は，日米の文化的価値観とは一致しない。

調査Ⅱ

被験者：日米の大学生432名の参加を得た。カリフォルニア州にある中規模大学の学生247名（男性109名，女性137名）と，関東の私立大学の学生185名（男性89名，女性95名，性別不明の1名）だった。アメリカ人サンプルの平均年齢は22.16歳（SD＝5.31），日本人サンプルは21.04歳（SD＝1.55）だった。

尺度：調査票を作成した。すべての尺度は，英語と日本語で準

備した。文化アイデンティティは，調査Iと同じ手法で測定した。調査Iの6段階評価は7段階評価に変更した。信頼性アルファは，アメリカ人サンプルで.75，日本人サンプルで.72だった。中央値は，アメリカ4.33，日本4.00だった。

　シュワルツ（Schwartz, 1990）の研究から，10の価値観を選択した。(1)快楽や感覚的満足を得ること，(2)人を傷つけてしまうときは，自己の行動を制御すること，(3)自己の能力で成功すること，(4)人に幸福をもたらすこと，(5)考え方や行動は，自立的であること，(6)内集団の人の安全と安定，(7)地位や名声を得ること，(8)人と調和を保つこと，(9)刺激的で，挑戦的な人生を送ること，(10)文化的，宗教的伝統。

　7段階評価を用いた：まったく重要でない（1）―たいへん重要である（7）。

結果：分析には，MANOVAを用いた。文化（日本―アメリカ）と文化的アイデンティティの強さ（弱―強）を独立変数とした。10の個人的主義の価値観と，集団主義の価値観を従属変数とした。

　文化と文化アイデンティティの強さの相互作用は有意だった（Wilk's lambda＝.95, F[10, 408]＝2.30, p.01）。

　3つの価値観で有意：自主的であること（F[1, 417]＝8.62, p<.01, eta2＝.02），調和を持つこと（F[1, 417]＝2.19, p＝.10, eta2＝.01），伝統を認めること（F[1, 417]＝3.50, p＝.06, eta2＝.01）。

　自主的であることに関して，日本人の弱IDグループの平均（5.45）は強IDグループ（4.83, t＝3.11, p<.05）よりも高い。しかし，アメリカ人サンプルの2つの平均はだいたい同じであった（弱ID＝5.98, 強ID＝5.93, t<1, p＝ns）。

表2　変数の平均値：調査Ⅱ

	日本		米国	
	弱	強	弱	強
快楽や感覚的満足を得ること	6.60	6.58	5.38	5.33
人を傷つけるとき，自己の行動の制御	6.60	5.86	5.87	5.77
自己の能力でもって成功すること	5.85	6.05	5.80	6.03
人に幸福をもたらすこと	4.52	4.77	5.48	5.41
考え方や行動が自主的であること	5.45	4.83	5.93	5.99
同じ集団の人の安全と安定	5.48	5.43	5.72	5.84
地位や名声を得ること	4.93	5.13	4.81	5.30
人との関係の調和	6.07	6.30	6.27	6.18
刺激的で挑戦的な人生を送ること	4.90	4.88	5.99	6.02
自己の文化的宗教的伝統を認めること	3.73	4.43	5.02	5.14

　アメリカ人サンプルの2つの変数の平均は，弱ID（調和＝6.27，伝統＝5.01）と強ID（調和＝6.18，伝統＝5.13）のグループでだいたい同じであった（調和 t<1, p＝ns, 伝統＝t<1, p＝ns）。

　平均値を表2にまとめた。

　文化に関するメインエフェクトは，有意であった（Wilk's lambda ＝.57, F[10, 408]＝29.73, p<.001）。6つの単数変量分析では，有意であった。それらは，快楽を得ること（F[1, 417]＝142.38, p<.001, eta2＝.25），幸福をもたらすこと（F[1, 417]＝31.90, p<.001, eta2 ＝.07），自立的であること（F[1, 417]＝36.12, p<.001, eta2＝.08），安全安定であること（F[1, 417]＝6.44, p<.01, eta2＝.02），刺激的

な生活（F[1, 417]＝64.98，p<.001，eta2＝.13），伝統を認めること（F[1, 417]＝28.61，p<.001，eta2＝.06）。

　快楽を得ること以外のすべての変数の平均値は，日本よりもアメリカのサンプルの方が高かった。人に幸せをもたらすこと，快楽を得ること，伝統を認めることの3つは，日本とアメリカの文化レベルの価値観は一致しない。

　文化アイデンティティの強さに関するメインエフェクトは，有意であった（Wilk's lambda＝.93，F[10, 408]＝3.18，p<.001）。4つの単数変量分析で，有意であった。それらは，成功すること（F[1, 417]＝3.04，p<.08，eta2＝.01），自立的であること（F[1, 417]＝5.60，p<.05，eta2＝.01），地位を得ること（F[1, 417]＝6.11，p<.05，eta2＝.01），伝統を認めること（F[1, 417]＝8.27，p<.01，eta2＝.02）。

　自立的であることと伝統を認めることの平均は，強 ID グループよりも弱 ID グループの方が低かった。逆に，成功することと地位を得ることの平均は，弱 ID グループよりも強 ID グループの方が高かった。

考　察

　今回の2つの調査から，文化は文化アイデンティティの強さと相互作用し，個人レベルの個人主義および集団主義の価値観に影響を与えるということである。具体的には，自由，快楽，社会的認知，自己犠牲，自主，調和，伝統について個人レベルで調査するときは，文化アイデンティティの強さが考慮されなければならないということである。

　本調査で明らかになったすべての相互作用エフェクトは，日米の文化的 IC に基づく期待と一致した。つまり，日本文化と強く

同一視する被験者は，強く同一視しない被験者あるいはアメリカ人被験者よりも，調和と伝統に価値を置いた。

　日本人被験者は，アメリカ人被験者と比べ，自己依存，解約追及，自己犠牲，人に幸せをもたらすこと，伝統を認めること，安全志向が低いという結果になった。社会的ミンチ，独立的，刺激的生活は，期待と一致した。つまりこれら3つの価値観に関しては，アメリカ人被験者の数値が高かった。

　今回の調査で明らかになった点は，アメリカの被験者も，日本の被験者も，個人主義の価値観と集団主義の価値観を持っているということである。さらに，文化のみが独立変数として使われたとき，個人レベルの価値観は文化レベルの価値観と一致しないことを今回の調査は示している。

　今回の調査から3点を指摘しておきたい。

　第一に，文化アイデンティティの強さは，異文化のコミュニケーションの多様性を研究するとき，無視できない重要なファクターであるということである。人の性格と価値観は社会化によって影響される。ほとんどの人は文化レベルの傾向と一致したパターンを身につけているが，すべての人がそうなるわけではない。文化アイデンティティの強さによる用法は，一般的な文化レベルの傾向と一致して行動する人々を区別する1つの方法であろう。

　第二は，個人レベルのファクターである。個人レベルのファクターは，文化レベルの多様性が及ぼすコミュニケーションへの影響に介在している。文化的 IC は，コミュニケーションに直接影響する一方，性格的傾向，自己概念，個人的価値観も文化的 IC のコミュニケーションへの影響に介在する (Gudykunst et al.,

1996）。文化レベルの価値観と個人レベルの価値観は同じ状況で
コミュニケーションに影響を及ぼしているかもしれない。文化レベ
ルの価値観と個人レベルの価値観は必ずしも一致しないから，異
文化のコミュニケーションを理解するには，両者が考慮されなけ
ればならない。

　第三は，サンプルの扱い方である。たとえば，集団主義の行
動への影響を調査するには，日本人大学生は適切なサンプルに
ならない。今回の調査でわかったことは，サンプルが個人主義
的あるいは集団主義的であるというのは，個人レベルの価値観
を確認すればよいということではないという点である。個人の文
化アイデンティティの強さは，個人主義的および集団主義的価値
観に影響する文化的背景と相互作用するのである。
　IC の文化レベルおよび個人レベルと個人の行動関係に関して，
明確な予測を立てることが重要である。文化レベルの IC と個人
レベルの IC を区別することによって，コミュニケーションに対す
る文化レベルと個人レベルの影響をより深く理解することになる。

（本研究は, Gudykunst, W. B., & Nishida, T. (1999). The influence
of culture and strength of cultural identity on individual values
in Japan and the United States. *Intercultural Communication
Studies, IX* (1), 1-18 ; 西田司&グディカンスト, W. B. (1999)「文化と文化
アイデンティティの強さの個人的価値観に与える影響—日米の大学生—」
『国際関係研究』（日本大学）国際文化編第 20 巻第 1 号, pp.1-20. とし
て発表し，今回さらに修正した）

引用文献

Abrams, D., & Hogg, M. (Eds.) (1990). *Social identity theory: Constructive and critical advances*. London: Springer-Verlag.

Ball-Rokeach, S., Rokeach, M., & Grube, J. (1984). *The great American values test*. NewYork: Free Press.

Befu, H. (1980a). A critique of the group model of Japanese society. *Social Analysis, 5/6*, 29-43.

Befu, H. (1980b). The group model of Japanese society and an alternative. *Rice University Studies, 66*, 169-187.

Bellah, R., Madsen, R., Sullivan, W., Swidler, A., & Tipton, S. (1985). *Habits of the heart: Individualism and commitment in American life*. Berkley: University of California Press.

Berry, J. (1980). Social and cultural change. In H. Triandis & R. Brislin (Eds.), *Handbook of cross-cultural psychology* (Vol. 5, pp.211-279). Boston: Allyn and Bacon.

Berry, J. (1990). Psychology of acculturation. In R. Brislin (Ed.), *Applied cross-cultural psychology* (pp.232-253). Thousand Oaks, CA: Sage.

Billing, M. (1995). *Banal nationalism*. London: Sage.

Chinese Culture Connection (1987). Chinese values and the search for cultural-free dimensions of culture. *Journal of Cross-Cultural Psychology, 18*, 143-146.

Caudill, W., & Scarr, H. (1961). Japanese value orientations and culture change. *Ethnology, 1*, 53-91.

Feather, N. (1990). Bridging the gap between values and action. In E. Higgins & S. Sorrentino (Eds.), *Handbook of motivation and cognition* (Vol. 2, pp.151-192). New York: Guilfor.

Feather, N. (1995). Values, valences, and choice. *Journal of Personality and Social Psychology, 68*, 1135-1151.

Gudykunst, W. B., Matsumoto, Y., Ting-Toomey, S., Nishida, T., Kim, K. S., and Heyman, S. (1996). The influence of cultural individualism-collectivism, self construals, and individual values on communication styles across cultures. *Human*

Communication Research, 22, 510-543.

Gudykunst, W. B., & Nishida, T. (1994). *Bridging Japanese/ North American differences*. Thousand Oaks, CA: Sage.

Gudykunst, W. B., & Nishida, T. (1999). The influence of culture and strength of cultural identity on individual values in Japan and the United States. *Intercultural Communication Studies, Ⅸ* (1), 1-18.

Hofstede, G. (1980). *Culture's consequences*. Beverly Hills, CA: Sage.

Hofstede, G., & Bond, M. H. (1984). Hofstede's culture dimensions: An independent validation using Rokeach's value survey. *Journal of Cross-Cultural Psychology, 15*, 417-433.

Kashima,Y. (1989). Conceptions of person: Implications in individualism/collectivism research. In C. Kagitcibasi (Ed.), *Growth and progress in cross-cultural psychology* (pp. 104-112) Amsterdam: Swets & Zeitlinger.

Kluckhohn, F., & Strodtbeck, F. (1961). *Variations in value orientations*. New York: Row, Petersen.

Kosmitzki, C. (1996). The reaffirmation of cultural identity in cross-cultural encounters. *Personality and Social Psychology Bulletin, 22*, 238-248.

Lebra, T. (1974). *Japanese patterns of behavior*. Honolulu: University of Hawaii Press.

Miyanaga, K. (1991). *The creative edge: Emerging individualism in Japan*. New Brunswick, NJ: Transaction Books.

Markus, H. R., & Kitayama, S. (1991). Culture and the self: Implications for cognition, emotion, and motivation. *Psychological Review, 98*, 224-253.

Rokeach, M. (1972). *Beliefs, attitudes, and values*. San Francisco: Jossey-Bass.

Rokeach, M. (1973). *The nature of human values*. New York: Free Press.

Schwartz, S. (1990). Individualism-collectivism: Critique and proposed refinements. *Journal of Cross-Cultural Psychology,*

21, 139-157.

Schwartz, S. (1992). Universals in the content and structure of values. In M. Zanna (Ed.), *Advances in experimental social psychology* (Vol. 25, pp.1-65). New York: Academic Press.

Schwartz, S. (1994a). Are there universal aspects in the structure and content of values? *Journal of Social Issues, 50* (4), 19-45.

Schwartz, S. (1994b). Beyond individualism-collectivism: New cultural dimensions of values. In U. Kim, H. Triandis, C. Kagitcibasi, S. Choi, & G. Yoon (Eds.), *Individualism and collectivism: Theory, method, and application* (pp.85-121) Newbury Park, CA: Sage.

Schwartz, S., & Bilsky, W. (1987). Toward a psychological structure of human values. *Journal of Personality and Social Psychology, 53*, 550-562.

Schwartz, S., & Bilsky, W. (1990). Toward a theory of the universal content and structure of values. *Journal of Personality and Social Psychology, 58*, 879-891.

Tajfel, H. (1978). Social categorization, social identity, and social comparisons. In H. Tajfel (Ed.), *Differentiation between social groups* (pp.61-76). London: Academic Press

Triandis, H. C. (1972). *The analysis of subjective culture*. New York: Wiley.

Triandis, H. C. (1988). Collectivism vs. individualism. In G. Verma & C. Bagley (Eds.), *Cross-cultural studies of personality, attitudes and cognition* (pp. 60-95). London: Macmillan.

Triandis, H. C. (1990). Cross-cultural studies of individualism-collectivism. In J. Berman (Ed), *Nebraska Symposium on motivation* (Vol. 1. 37, pp.41-133). Lincoln: University of Nebraska Press.

Triandis, H. C. (1995). *Individualism & collectivism*. Boulder, CO: Westview.

Triandis, H. C., Bontempo, R., Villareal, M., Asai, M., & Lucca, N. (1988). Individualism-collectivism: Cross-cultural perspectives on self-ingroup relationships. *Journal of Personality and Social Psychology, 54*, 323-338.

Triandis, H. C., Leung, K., Villareal, M., & Clack, F. (1985). Allocentric versus ideocentric tendencies. *Journal of Research in Personality, 19*, 395-415.

Waterman, A. (1981). Individualism and interdependence. *American Psychologist, 36*, 762-773.

Wuthnow, R. (1991). *Acts of compassion: Caring for others and helping ourselves*. Princeton: Princeton University Press.

Zavalloni, M. (1972). Social identity: Perspectives and prospects. *Social Sciences Information, 12* (3), 65-91.

Zavalloni, M. (1980). Values. In H. Triandis & R. Brislin (Eds.), *Handbook of cross-cultural psychology* (Vol. 5, pp.73-120). Boston: Allyn and Bacon.

第6章

[単著論文]

Anxiety/Uncertainty Management (AUM) Theory

西田 司（日本大学）

William B. Gudykunst developed anxiety/uncertainty management theory (AUM), a general framework which subsumed two subtheories. One subtheory, containing some 47 axioms, is meant to explain communication effectiveness in encounters between strangers. The other subthory, also consisting of 47 axioms, is meant to illuminate the mechanisms entailed in intercultural adjustment. These theories were updated in his last papers (Gudykunst, 2005a, 2005b). Because it is not possible to review the manifold asioms of AUM theory in detail here, the reader is referred to the original sources for a detailed presentation of them.

AUM theory was designed to be practical so that individuals could apply aspects of it to improve the quality of their interpersonal communication. While Berger and Calabrese's theory (Berger & Calabrese, 1975) concentrated on the reduction of uncertainty and explaining effective communication, Gudykunst's theory went further, addressing issues of the management of anxiety and uncertainty and the practical application of such management in intercultural encounters. In so doing, Gudykunst changed the fundamental nature of such theories.

The development of the theory

In 1985, Gudykunst developed a theory of interpersonal and intergroup communication by integrating uncertainty reduction theory (Berger & Calabrese, 1975) and social identity theory (Tajfel, 1978, 1981). Gudykunst and Hammer (1988) developed a version of the theory that dealt with uncertainty reduction in intercultural adaptation. And at same time, Gudykunst included aspects of Stephan and Stephan's (1985) work on intergroup anxiety in his theory.

Up until then, the AUM theory was "relatively consistent with URT" (Gudykunst, 2005a, p.282) and he did not yet label it as his "AUM" theory. Gudykunst first labeled it his "AUM" theory as such in 1993, when he dealt with anxiety and uncertainty management and included the role of mindfulness in the theory (Langer, 1989). In fact, it was during the five years between 1988 and 1993 that Gudykunst came to believe that mindfulness is important enough in communicating effectively that it should be incorporated into his theory (Gudykunst, 1993).

In 1995, he wrote a version of the theory that responded to the questions that arose about the 1993 version, and expanded the discussion of cultural variability in AUM processes (Gudykunst, 1995). He revised the intercultural adjustment version of the theory (Gudykunst & Hammer, 1988) in 1988 (Gudykunst, 1998). Finally, he updated both theories of AUM in 2005 (Gudykunst, 2005a, 2005b).

The AUM theory of effective communication

The AUM subtheory of effective communication focuses on communication between strangers. This subtheory organizes its 47 axioms into the following 10 theoretical categories: (1) self-concepts, (2) motivation, (3) reactions to strangers, (4) social categorization, (5) situational processes, (6) connections to strangers, (7) moral and ethical factors, (8) anxiety, uncertainty mindfulness, and (10) cross-cultural variability. In most cases, the theoretical constructs included in each of the 10 categories are used to predict the degree to which strangers will experience anxiety and uncertainty during their encounters. Each of these construct categories is considered in turn and a summary of the of axioms within each category is presented.

Self-concepts

Within this category, Gudykunst proposed five axioms regarding the influence of self-concepts on the amounts of uncertainty and anxiety that individuals will experience when interacting with strangers. Specifically, he proposed that more and social and personal identities guide interactions with strangers, the less anxiety and uncertainty individuals will experience. In addition, the more personal and in-group-specific collective self-esteem individuals have, the less anxiety and uncertainty they will experience. The theory also proposed that perceived threats to social identity will serve to increase anxiety.

Motivation

Four axioms were included within the category of motivational factors. Gudykunst argued that when interacting with strangers, individuals with higher needs for group inclusion and higher needs to sustain their self-conceptions will experience greater anxiety. Conversely, the more strangers confirm others' self-concepts, the less anxiety others will experience. In a key proposition, Gudykunst posited a reciprocal relationship between individuals' confidence in their ability to predict strangers' behavior and the amount of anxiety they would experience such that less confidence portends greater anxiety and reductions in anxiety are associated with increased predictive confidence.

Reactions to strangers

The six axioms subsumed under this category involve the degree to which individuals with different information processing styles experience anxiety and uncertainty in encounters with strangers. Individuals with higher cognitive complexity and empathic ability levels and those with lower levels of attitudinal rigidity toward strangers are predicted to experience less uncertainty and anxiety. Moreover, convergence by strangers is predicted to prompt lower uncertainty and anxiety. Finally, higher levels of uncertainty orientation promote increased ability to predict strangers' behavior accurately, and greater tolerance for ambiguity is associated with reduced anxiety in encounters with strangers.

Social categorization

The social categorization category includes seven axioms. These axioms deal with how perceived similarities and differences as well as expectations affect anxiety and uncertainty. Specifically, the axioms predict that individuals interacting with strangers will experience less anxiety and greater ability to predict behavior accurately when they have greater understanding of similarities and differences between their group affiliations and those of strangers and when they perceive more personal similarities between themselves and strangers. Similarly, when individuals categorize strangers as they themselves do, predictive accuracy is increased. Perceptions of shared superordinate identities as well as perceptions of greater variability in strangers' groups tend to attenuate anxiety and increase accuracy of behavioral prediction. Finally, the more positive and fewer negative expectations individuals have for strangers' behavior, the less anxiety they will experience and the greater confidence they will have in their ability to predict strangers' behavior.

Situational processes

Gudykunst recognized that certain situational features such as structure and relative power influence the amount of anxiety and uncertainty that individuals experience when interacting with strangers. These features are included in four axioms that make the following predictions. When individuals interact with strangers around tasks that involve cooperation and under conditions of increased normative and institutional support, they will experience less anxiety and uncertainty.

Merely having more in-group members present in the social situation will assuage the anxiety of other in-group members interacting with strangers from out-groups. Gudykunst also postulated that power differentials between strangers would impact anxiety and uncertainty. Specifically, when individuals have greater power than do strangers, they will experience less anxiety and uncertainty when interacting with them.

Connections to strangers

Gudykunst affirmed that several factors related to the degree to which strangers are attracted to each other might influence the degree to which they experience anxiety and uncertainty during their interactions with each other. The five axioms subsumed by this category propose that experienced anxiety will be reduced and the ability to predict strangers' behavior increased when individuals share more social networks with strangers. Additional axioms suggest the same reductions in anxiety and uncertainty when individuals have greater contact with strangers and their group members and when there is greater interdependent between individuals and strangers. Increased attraction to strangers and more intimate relationship with them are posited to reduce anxiety and uncertainty.

Moral and ethical factors

In the three axioms included in this category, Gudykunst illuminate the roles played by such factors as respect and dignity in potentiating anxiety during encounters with strangers. He postulated that the ability to maintain one's own dignity as well as that of strangers will result in less experienced anxiety. Similarly, greater respect and moral inclusiveness that individuals demonstrate toward strangers are predicted to assuage individuals' anxiety about interacting with them. These axioms have obvious implications for finding productive ways to deal with ethno-political and intergroup conflict.

Anxiety, uncertainty, mindfulness, and effective communication

At the time Gudykunst initially formulated his AUM theory, some communication researchers with interests in social interaction were focused on the role thay mindlessness plays in social interaction (Langer, 1989). Langer argued that individuals can carry out their interactions in one of two modes: mindlessly or mindfully. In the mindless mode, individuals enact scripted routines with little attention to the details of the ongoing interaction. Many mundane, everyday, routine social encounters fall within this mindless mode. Customer-service provider and routine job-related interactions are examples.

The fact that these interaction routines can be carried out with little thought makes them efficient but, at the same time, vulnerable to a number of problems. Among them is the fact that in some instances, the "routine" might not fit with the particular circumstances within which it is being enacted. Failure to heed verbal and nonverbal cues during the encounter might lead to misunderstanding and communication breakdowns. By contrast, when communicating mindfully, such nuances might be detected and the routine altered to fit the perceived communication demands; for example, noticing that a service provider is very ill and altering a routine to take this exigency into account. One problem in encounters involving strangers is that interaction routines simply may not work or, even worse, be inappropriate.

Consistent with the mindful/mindless distinction, the axioms predicted that in general, greater mindfulness during stranger encounters will lower anxiety and increase predictive accuracy. Mindful recognition of errors and their correction during these encounters will have the same effects. Following from these axioms, Gudykunst argued that greater knowledge of strangers' language will reduce anxiety and uncertainty and the increased ability to describe strangers' behavior that accrues from mindfulness will increase the accuracy of behavioral prediction.

Gudykunst reasoned that increased mindfulness should also be related to the ability of individuals to manage anxiety in stranger encounters, although he did not advance a formal axiom in this regard. Specifically, Gudykunst argued that increased ability to manage anxiety should result in more accurate predictions and explanations of strangers' behavior. The implicit assumption entailed in this axiom is that increased ability to manage anxiety accrues from mindfulness during stranger encounters.

Cross-cultural variability in AUM processes
AUM theory explicitly includes such well-established, cultural-level factors as individualism-collectivism, uncertainty avoidance, masculinity, and power distance. These factors influence the ways in which in-group versus out-group distinctions are drawn in encounters, thus influencing how anxiety and uncertainty are managed within interactions involving strangers. These cultural factors are embodied in eight axioms.

When interacting with strangers, cultural individual propels individuals to rely on person-based information; by contrast, collectivism prompts people to use group- and situation-based information. Individualists emphasize cognitive understanding when communicating with others while collectivists focus more on maintaining good relationships. Cultural collectivism potentiates increased emphasis on in-group versus out-group memberships. Cultural uncertainty avoidance prompts greater in-group xenophobia and increased emphasis on in-group versus out-group distinctiveness based on age. Cultural masculinity promotes sharper in-group versus out-group distinctions in terms of opposite-sex relationships; cultural power distance increases the salience of in-group versus out-group distinctions of unequal status relationships. Finally, when there are clear rules for interactions between strangers and in-group, the more cultural uncertainty avoidance prompts less anxiety and uncertainty. By contrast, when there are no clear rules, the more cultural uncertainty avoidance potentiates more anxiety and uncertainty.

Research supporting the theory

AUM theory's axioms have generated a substantial research corpus (Gudykunst, 2005a). Gudykunst's own research and that of others has provided support for the theory. Gudykunst and Shapiro (1996) and Hubbert, Gudykunst, and Guerrero (1999) confirmed correlations between anxiety and uncertainty in interpersonal and intergroup relationships in the United States.

Gudykunst, Nishida, and Chua (1986) found a positive

relationship between attributional confidence and perceived effectiveness of communication in Japanese-US dyads. Gudykunst and Shapiro (1996) reported significant correlations between anxiety and uncertainty and perceived quality of communication. Hubbert et al (1999) examined the relationship among uncertainty, anxiety, and perceived effectiveness of communication, and found correlations between uncertainty and perceived effectiveness.

Gudykunst and Nishida (2001) determined whether anxiety and uncertainty could predict perceived communication effectiveness in Japan and the United States and found a moderate, positive relationship between anxiety and attributional confidence across relationships and cultures.

The AUM theory of strangers' intercultural adjustment

The second subtheory included under the AUM theory umbrella deals specifically with germane strangers' adjustments in their interactions with host nationals. Because this particular context closely resembles social contexts involving interactions between strangers, many of the concepts and axioms advanced in the first subtheory are germane to this more specific context. However, Gudykunst advanced some axioms that are unique to this subtheory. The same categories of axioms used to elucidate the first subtheory will be used to describe the subtheory.

Self-concepts

In a series of six axioms, Gudykunst proposed that strangers will have less anxiety and greater confidence in predicting the behavior of host nationals when strangers' personal and social identities guide their interactions with host nationals. Moreover, increased anxiety and increase predictive confidence in strangers. The degree to which strangers empathize with the prototypical self-construals of host nationals potentiates lower anxiety and uncertainty in strangers. However, strangers who perceive their own cultural identities to be threatened by host nationals will experience more anxiety and greater uncertainty when interacting with them.

Motivation to interact with host nationals

Gudykunst advanced four axioms concerning the levels of anxiety experienced by strangers as a function of motivational factors. He proposed that the more strangers need group inclusion and need to sustain their own self-conceptions, the more anxiety they will experience during host national interactions. By contrast, the more host nationals confirm strangers' self-conceptions and the more confidence strangers have in their ability to predict host nationals' behavior, the less anxiety strangers will experience. This latter relationship is reciprocal; that is, reducing anxiety tends to increase predictive confidence.

Reactions to host nationals

In a series of six axioms, Gudykunst described the relationships between information processing styles of strangers and the degree to which they influence the amount of anxiety strangers experience and the degree to which they can predict behavior when interacting with host nationals. Specifically, strangers with higher levels of cognitive complexity, uncertainty orientation, tolerance for ambiguity, empathy for host nationals, and ability to adapt behavior to that of host nationals will experience less anxiety and greater predictive accuracy in their interactions with host nationals. By contrast, strangers with more rigid attitudes toward host nationals will experience more anxiety and lower levels of predictive accuracy in interactions with host nationals.

Social categorizations of host nationals

As is the case with interactions involving strangers, the ways in which strangers categorize host nationals influences the amount of anxiety strangers experience during interactions with host nationals and the degree to which strangers are able to predict the behavior of host nationals. Gudykunst proposed seven axioms to account for these relationships.

In these axioms Gudykunst argued that strangers who (1) have greater knowledge of the host culture, (2) perceive more personal and cultural similarities between themselves and host culture members, and (3) perceive more variability among host culture members will experience less anxiety and uncertainty in their interactions with host nationals. Furthermore, strangers' ability to categorize host nationals as they themselves do is postulated to increase predictive accuracy. Finally, strangers who have positive expectations for host nationals' behavior and can suspend negative expectations for such behavior will experience less anxiety and greater predictive confidence than strangers who have lower levels of positive expectations and higher levels of negative expectations.

Situational processes

Gudykunst recognized that the social context within which strangers and host nationals interact can influence the amounts of anxiety and uncertainty that strangers experience. In this regard, Gudykunst proposed that tasks involving cooperation will tend to reduce strangers' anxiety and uncertainty. In addition, the greater the number of strangers present in the social situation, the less anxiety that individual strangers will experience. However, to the degree that strangers perceive host nationals to have power in the situation determines the degree to which strangers will experience anxiety.

Connections to host nationals

Gudykunst described the significance of the quality of relationship between strangers and host nationals and the degree to which strangers experience anxiety and uncertainty in a series of six axioms. Specifically, strangers who experience greater interdependence, attraction and intimacy with host nationals will experience less anxiety and will have greater confidence predicting their behavior than those who are less interdependent and intimate with and attracted to host nationals. In addition, more quality contact and more shared social networks are posited to reduce strangers' anxiety and uncertainty. Strangers who receive more social support from host nationals will experience less anxiety.

Moral and ethical factors

Gudykunst advanced three axioms dealing with the moral and ethical dimensions of stranger-host national relationships. These axioms propose that strangers will experience less anxiety when they maintain mutual dignity in their relationships with host nationals. The more strangers respect and show moral inclusiveness of host nationals, the less anxiety strangers will experience.

Anxiety, uncertainty, mindfulness, and intercultural adjustment

To communicate effectively with host nationals, strangers must be able to manage their uncertainty and anxiety. This subtheory argues that anxiety and uncertainty can never be completely eliminated; however, strangers who are able to manage their anxiety and uncertainty such that they are kept from rising to high levels have a better chance of achieving higher levels of adjustment to the host culture. Gudykunst proposed four axioms germane to these adjustment-related process. Greater knowledge of the host nationals' language as well as mindfulness in interacting with host nationals are posited to lower anxiety and increase accuracy in predicting host nationals' behavior. Greater ability to describe host nationals' behavior is also associated with reduced anxiety and lower uncertainty. Finally, strangers' ability to manage their anxiety and predict host nationals' behavior accurately prompts higher levels of the ability to adapt to the host culture.

Conditions in the host culture

General conditions in the host culture can affect the degree to which strangers residing in them feel anxious. Gudykunst posited three axioms to characterize these social conditions. He contended that the less discrimination host nationals practice and the more host nationals show receptivity toward strangers, the less anxiety strangers will feel. Societal structure also plays a role in the amount of anxiety that strangers will experience. In societies that tend toward pluralism, strangers will experience less anxiety; by contrast, ethnically and culturally homogeneous societies are more likely to provoke anxiety in strangers.

Cross-cultural variability in strangers' adjustment

As discussed previously, such cultural-level parameters as individualism-collectivism, uncertainty avoidance masculinity, and power distance can exert effects on strangers' anxiety and their ability to predict strangers' behavior accurately. Cultural variability in host cultures includes the following dimensions: individualism-collectivism, uncertainty avoidance, masculinity, and power distance. Five axioms are included in this category. These axioms suggest the following relationships among the parameters.

Strangers living in collectivist cultures and/or cultures with high uncertainty avoidance are more likely to experience anxiety and attenuated ability to predict host nationals' behavior accurately. Within cultures that emphasize certainty avoidance, younger strangers in particular are posited to have greater anxiety and more difficulty accurately predicting the behavior of older host nationals. When power distance is culturally salient, low-status strangers will experience more anxiety and have more difficulty making accurate predictions about the behavior of high-status host nationals. Finally, when masculinity assumes cultural prominence female strangers will experience more anxiety when interacting with host national males, and female strangers will be less able to predict host males' behavior accurately.

Applying the theory

Gudykunst argued that there are two basic applications for this subtheory. First, this subtheory can provide guidance to strangers for adjusting to host cultures. A second application is that the theory will help in the design of intercultural adjustment training programs. Using his theory's axioms, Gudykunst created and implemented a seven-session training program to improve intercultural adjustment. This program is, even today, repeatedly conducted at the California State University, Fullerton, USA, where Gudykunst taught and conducted extensive research. The major goals of the grogram are: (1) to help trainees understand how to manage their uncertainty and anxiety and in adapting to new cultures; and (2) to help trainees successfully manage their anxiety and their uncertainty in new cultural environments. That Gudykunst's theories have spawned such training programs serves to demonstrate the wisdom of the idea that good theories provoke practical implications.

Acknowledgment

I want to thank my long-time friend and former colleague, Daniel Bisgaard, for helping to edit this text.

References

Berger, C. R., & Calabrese, R. (1975). Some explorations in initial interactions and beyond: Toward a developmental theory of interpersonal communication. *Human Communication Research, 1*, 99-112.

Gudykunst, W. B. (1993). Toward a theory of effective interpersonal and intergroup communication: An anxiety/uncertainty management perspective. In R. L Wiseman & J. Koester (Eds.), *Intercultural communication competence* (pp.33-71). Newbury Park, CA: Sage.

Gudykunst, W. B. (1995). Anxiety/uncertainty management (AUM) theory: Current status. In R. L. Wiseman (Ed.), *Intercultural communication theory* (pp. 8-58). Thousand Oaks, CA: Sage.

Gudykunst, W. B. (1998). Applying anxiety/uncertainty management (AUM) theory to intercultural adjustment training. *International Journal of Intercultural Relations, 22*, 227-250.

Gudykunst, W. B. (2005a). An anxiety/uncertainty management (AUM) theory of effective communication: Making the mesh of the net finer. In W. B. Gudykunst (Ed.), *Theorizing about intercultural communication* (pp.281-322). Thousand Oaks, CA: Sage.

Gudykunst, W. B. (2005b). An anxiety/uncertainty management (AUM) theory of strangers' intercultural adjustment In W. B. Gudykunst (Ed.), *Theorizing about intercultural communication* (pp.419-457). Thousand Oaks, CA: Sage.

Gudykunst, W. B., & Hammer, M. R. (1988). Strangers and hosts. In Y. Y. Kim & W. B. Gudykunst (Eds.), *Cross-cultural adaptation* (pp.106-139). Newbury Park, CA: Sage.

Gudykunst, W. B., & Nishida, T. (2001). Anxiety, uncertainty, and perceived effectiveness of communication across relationships and cultures. *International Journal of Intercultural Relations, 25*, 55-72.

Gudykunst, W. B., Nishida, T., & Chua, E. (1986). Uncertainty reduction in Japanese-North American dyads. *Communication*

Research Reports, 3, 39-46.

Gudykunst, W. B., Shapiro, R. (1996). Communication in everyday interpersonal and intergroup encounters. *International Journal of Intercultural Relations, 20*, 19-45.

Hubbert, K. N., Gudykunst, W. B., & Guerrero, S. I. (1999), Intergroup Communication over time. *International Journal of Intercultural Relations, 23*, 13-46.

Langer, E. (1989). *Mindfulness*. Reading, M. A: addition-Wesley.

Stephan, W., & Stephan, C. (1985). Intergroup anxiety. *Journal of Social Issues. 41* (3), 157-166.

Tajfel, H. (1978). Social categorization, social identity, and social comparisons. In H. Tajfel (Ed.), *Differentiation between groups* (pp.61-76). London, UK: Academic Press.

Tajfel, H. (1981). *Human categories and social groups*. Cambridge, UK: Cambridge University.

Tsukasa Nishida is professor of communication at Nihon University, Mishima, Japan. He is the president of the Popular Culture Association of Japan (PCAJ). His research interests are communication theory and communication effectiveness across cultures. He is the author of *Bridging Japanese/North American Differences* (with Bill Gudykunt) and *Intimate Communication* (with Junko Terao), among other works.

Note: 本論文がチャールズ・バーガーからの依頼で執筆した総説論文。バーガーが編集長であり，ICA と Wiley の共同出版であることなど，拙著『不確実性』で紹介した。

　この総説論文では，The AUM Theory of effective communication と，The AUM Theory of Strangers' intercultural adjustment をいっしょに扱ったが，ビルの最後の編著である *Theorizing about intercultural communication*（Thousand Oaks, CA: Sage）では，2つの論文としてまとめられている。

第７章

コミュニケーションの実践

アメリカのコミュニケーション教育は，理論と実践の両面を持つので，異文化コミュニケーションには，通常2つの科目が置かれる。理論を学ぶのが「異文化コミュニケーション」，実践を学ぶのが「異文化コミュニケーションワークショップ（ICW）」と呼ばれていた。現在 ICW は「異文化トレーニング」と呼ばれ，学校，ビジネス，行政組織，宗教組織と多くの分野で用いられている。

本章では，ICW の内容を振り返り，現在異文化トレーニングと呼ばれている内容を明確にする。これは，実践することがいかに大切か，そしてアメリカの教育が実践を重視しているかを物語ることになる。

歴史と方法については，学問的には，この分野はすでにハンドブックの形で，分析・レビュウされており（Landis & Bhagat, 1996），また著者も論文数編を発表しているので，本稿においては，これまでの論文を取り上げ，加筆訂正する（Nishida & Gudykunst, 2002）。

アメリカで行われている異文化トレーニングの原型は，1960 年代に作られ，東部のピッツバーグ大学あたりで始まっており，70 年代初めには，ミネソタ大学にも学部の科目が置かれるようになった。つまり，この領域は，大学の心理学およびコミュニケーション学の人々がプログラムを開発していったという歴史がある。

ビルとは 1975 年に，ミネソタ大学で出会ったが，その頃既にスピーチ・コミュニケーション学科の中に，ICW という科目が置かれていて，同時に，異文化コミュニケーションという科目もあり，そこでは人の行動に影響を及ぼす文化や，コミュニケーションの見方や定義について，ハウエル教授が教え，院生たちが ICW を教えていた。

本章では，異文化トレーニングの目標，参加者と集団の構成（含トレーニングの時期），ファシリテイターの役割，ICW の訓練方法，シミュレーションゲームによる方法，トレーニングの分類について取り上げる。

異文化トレーニングの目標

ICW と呼ばれたこの科目は，学部の科目としてカリキュラムに置かれた。その頃，教育とトレーニングについて論争があった。たとえば，意思伝達，意思決定，集団参加，理念，問題解決について，教育の目標と異文化トレーニングの目標を，次のように比較している。

教育の目標

意思伝達　書くこと，話すこと。特に書くことを重視。

意思決定　主張や仮説，意見を判断し，区別する能力，また，その能力を開発すること。

集団参加　集団への参加。

理　　念　西欧社会の原理を理解尊重し，評価すること。

問題解決　理にあった答えを見つけ，実証すること。

異文化トレーニングの目標

意思伝達　言語および非言語を用いた意思伝達。

意思決定　不十分な情報や矛盾する情報でもって，意思を決定する能力を開発すること。

集団への参加　異なる文化背景を持つ人々との交流，そしてそのような人々との人間関係の形成により，集団に参加すること。

理　　念　参加するその場その場（here and now）に見つけら

れる原因や目的を重視すること。

問題解決　障害を克服する機が熟したという決定がされ，それ
　　　が支持されれば問題解決とする。

（Harrison & Hopkins, 1967）

　相手と自分との関係や，状況が曖昧であるところでの意思決定，
異文化の人間関係への参加，理念に含まれる価値観など，教育
にない価値や感情および社会的な相互作用といったことが，異文
化トレーニングの目標には含まれている。

　コールズ（Kohls, 1980）は，トレーニングの特徴を次のようにま
とめている。

(1)一片の知識を学ぶよりも，体験的学習を重視し，学習の仕方
　　を学ぶ。

(2)学習の手順を学ぶことが重要であり，体験学習されるものの
　　プロセスが特に重要である。

(3)トレーニングの場では，参加者が中心的な存在であり，それ
　　ぞれの参加者の必要に合わせて，プログラムは調整される。

　ICW の目標について（Barndt, 1972）は，次のとおりである。

(1)文化的産物であり，意思の伝達者である自分を理解すること，

(2)文化を形作っている要素に気づくこと，まず，アメリカ文化の
　　要素に，次に，相互作用をする相手の文化的要素に気づくこ
　　と，

(3)相互作用のプロセスと集団力学を理解すること。

　ICW の導入にかかわったミネソタ大のロバート・モラン（R.
Moran, 1974）は，(1)文化的存在としての自己の理解，(2)異な

138

る文化背景を持つ人の理解，(3)相互作用の理解の3つを目標と
定めた。これは，モランより2年前に発表された前述のバーント
(Barndt, 1972) のトレーニングの目標と同じである。

　これらのことからいえるのは，70年代初めのICWを行う側の
ほぼ一致した考えは，中心テーマは人間関係とコミュニケーショ
ン，つまり，同じ文化背景を持つ人と，異なる文化背景を持つ人
の間のコミュニケーションであった。

　この考えに基づいて，文化的存在としての自己の理解，異なる
文化背景を持つ人の理解，そして相互理解という3つを訓練の目
標とした。

　もう少し詳しく説明すると，(1)ICWに参加している自分の意見，
態度，価値観，行動様式などが，どれほど自分の文化に影響さ
れているかについて理解すること，(2)ICWに参加する人の意見，
態度，価値観，行動様式など，その人の文化的に影響された側
面を理解すること，最後に，(3)文化，コミュニケーション，異文
化コミュニケーションといった概念を理解すること，さらに，聞く
能力，知覚する能力，コミュニケーションをする実践の能力を習
得することである。

　70年代後半，ICWの目標がさらに具体化された。その1つは，
ウォレン＆アドラーの示した8つの目標である。(1)参加者の文化
に関する知識を身につけさせること，(2)参加者の赴任が決定し
ている文化における職業的技能を身につけさせること，(3)異なる
態度や価値観，考え方への寛容さを育てること，(4)外国語の能
力を伸ばすこと，(5)行動のレベルで，文化的に適切な反応を身
につけさせること，(6)カルチャーショックに対処すること，(7)文

化的な自己を認識すること，(8)参加者が積極的に新しい文化を
体験できるように方向付けることだった（Warren & Adler, 1977）。

　このトレーニングでは，異文化コミュニケーションの能力を定
義し，トレーニングの効果を測定する。たとえば，感情移入，未
知の状況に対する寛容度，役割に関する行動，意見交換能力な
どをコミュニケーション能力とした。

集団の構成と参加者

　ICW は，大学のカリキュラムに置かれている正規の専門科目
であり，この科目を履修するかどうかは，通常，自己選択である。
つまり，ICW への参加は，自分自身で参加を決めた人である。自
由選択は理想である。というのは，自分で参加申し込みをすると
いうことは，申し込む者が，異なる文化背景を持つ人々に興味を
持っていることを意味するからであり，トレーニングの場において
は，この態度が学習を受け入れやすくするのである。

　大学以外の所で行われる ICW は，必ずしも自己選択というわ
けではない。海外体験プログラムに参加するアメリカの高校生を
対象とした研修で，この種のトレーニングが行われているが，プ
ログラムの主催者の判断により，高校生参加者全員が受けること
になっている。つまり，選択肢はないということである。

　事前研修よりも時間的に余裕を持たせるのは，企業の行ってい
るトレーニングである。海外要員あるいは海外勤務に興味を持
つ従業員を対象に，常設されているトレーニングのプログラムで
ある。従業員は自分の意志でもって，このようなプログラムに参
加することができる。

　ICW の構成に関して議論されるのは，参加者の構成によって，

どのような効果が出るかという点である。この問題は，トレーニングを受ける人，つまり，研修の参加者の文化背景が問題なのである。つまり，ICWでは，参加者の文化背景が重要なのである。

　大学に置かれているICWには，他の科目と同様に，学生自らが登録する。必然的にアメリカ人学生が多いので，1つの授業は半分がアメリカ人学生，残り半分が留学生となる。通常10名を1つの授業単位としていたので，5名がヨーロッパ系アメリカ人学生（ミネソタ大学の場合，ほとんどが白人学生だった）である。残りがその他の留学生，アジアアフリカ系アメリカ人，ラテン系アメリカ人という場合もあった。学生の集まり具合によっては，白人5名と，日本人留学生5名というときもあった。これは，文化特定のICWを実施するよい機会だった。英語でculture-specific trainingと呼ばれ，アメリカ文化と日本文化の交流について集中的に行うことができた。一方，一般に留学生5名が別々の文化背景の留学生の場合は，culture-general training（文化一般のトレーニング）と呼ばれた。

　文化一般のトレーニングは，複数の異なる文化背景を持つ人との接触に備えるのが目的である，あるいは複数の文化地域をビジネステリトリーとする駐在員に必要なトレーニングということもできる。文化特定のトレーニングは，文字通り，特定の文化に関する情報やその文化の人々とコミュニケーションをするためのトレーニングである（Brislin & Pedersen, 1976）。

　文化特定，あるいは文化一般，どちらが効果的であるかについての実験は行われていない。しかしそれぞれの手法を支持する議論は行われている。

「コントラスト・アメリカン」という，文化一般のトレーニング手法を自ら開発したブラジル出身のエド・スチュアートは，自己の持つ価値観や文化的な「条件付け」を理解することがすなわち，異なる文化の理解を可能にする，つまり，自己を深く理解すればするだけ，文化背景の異なる人々の価値観や文化的仮説を理解し，感情移入することができるようになると主張している（Stewart, Danielian, & Foster, 1969）。

一方，文化特定のトレーニングを支持する人々は，特定文化の人々が，たとえば，どのように意思決定するかを学ぶほうが重要であると主張した。異文化教育に携わる人の多くは，文化特定の訓練が実用的で，効果の上がるトレーニングであると考えた。また学習の場としても，よりふさわしく，より多くの目的を達することができると考えた。

そこで文化特定の ICW を想定し，参加者の構成を考えると，次の4点が重要になる。(1) 2つの文化集団から，ファシリテイターそれぞれ1名を出す。(2) それぞれの文化集団の参加者の数は，ファシリテイターを含めず，4名以内とする。(3) 男女の数はそれぞれ同数とする。(4) 参加者の異文化体験はなるべく広く多様のほうがよい。

文化一般の手法の重要性を主張したスチュアート以降，この分野のトレーニング技法は数多く開発された。その1つは，シミュレーションゲームを用いたものである。

参加者に関係するもう1つの問題は，トレーニングの時期の問題である。グディカンストとハマーが提示したものであるが，参加者が海外に出発する日から遡って，文化特定のトレーニングが

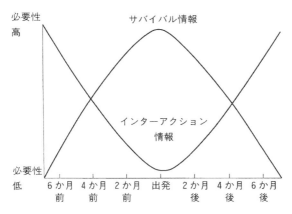

必要性
高

サバイバル情報

インターアクション
情報

必要性
低

| 6か月前 | 4か月前 | 2か月前 | 出発 | 2か月後 | 4か月後 | 6か月後 |

図1　訓練内容と時期（出典　Gudykunst & Hammer, 1983）

必要か，あるいは文化一般のトレーニングが必要かという問題である。

　トレーニングの内容は，大きく2つに分かれる。1つは，海外の生活に直結する情報で，サバイバル情報と呼ぶ。たとえば，スーパー，レストラン，空港からの交通，子供の学校に関する情報などである。もう1つのタイプの情報は，現地の人々とのコミュニケーションに関する情報であり，インターアクション情報と呼ぶ。これは，文化的基準や価値観，思考様式，行動様式に関する内容である。

　トレーニングの内容と時期の関係は，図1のように考えられる。横軸が時間で，縦軸が必要性である。必要性が高いという意味は，文字通り，その時期，その種の情報が必要という意味である。出発6か月前には，現地の人とのコミュニケーションに必要な情報を与えるべきなのである。現地の文化一般に関する情報も

与えるべき時期である。

　出発日が近づくにつれ，この種の情報の必要性は減少し，サバイバルの情報が必要になる。住居の確保，子供の通う学校，通勤と通学の手段，食料や衣服の調達などの情報がもっとも重要な情報となる。
　現地の生活が始まり，数か月が過ぎると，生活にある程度落ち着きが出て，現地の人とのコミュニケーションが必要になり，その必要性を強く感じるようになる。その時期を，およそ4か月とみている (Gudykunst & Hammer, 1983)。

ファシリテイターの役割

　ICW でシミュレーションゲームを行うには，ファシリテイターを置く。ファシリテイターは，1人の場合もあるし，2人の場合もある。
　理想のファシリテイターの特徴は，次のように述べられている (Miles, 1959)。

(1) ICW のファシリテイターは，異なるものや変化するものに対し，寛容でなければならない。質問し，自分自身の行動について，自問することがなければならない。

(2) 文化背景の異なる人と意思伝達をスムーズに行うことのできる人でなければならない。そうでなければ参加者の意思伝達を助けることができないからである。

(3) ICW のファシリテイターには，異文化の学習をする人を助けようという純粋な動機が必要である。

(4) ICW のファシリテイターは，参加者を進んで助けようとする，また，それができるということを参加者に認められなければならない，換言すれば，ファシリテイターは偏見のない行動

をとるべきで，文化的な理解や感情移入ができる人でなければならない。

(5) ICW のファシリテイターは，役割行動を柔軟に行える人でなければならない。集団の一員として，柔軟に行動することができなければならない。

(6) ICW のファシリテイターは，異なる集団の文化背景に敏感でなければならない。また，集団内で何が起こっているかに敏感で，また理解することができなければならない。

(7) ICW のファシリテイターは，文化背景の異なる集団についての学問的知識と実際的知識を持ち合わせていなければならない。知識は，3 種類に分類することができる。第一に，異文化のコミュニケーションのプロセスに関する知識，第二に，文化的な違いを分析する知識，第三に，文化背景の異なるコミュニケーションの集団力学に関する知識である。このような知識を身につけるには，ICW のファシリテイターは対人コミュニケーションや異文化コミュニケーション，そしてグループダイナミックスについての学習経験や知識がさらに，すべてのファシリテイターは，ファシリテイターになる前に，一般の参加者として ICW に参加するべきである。

(8) ICW のファシリテイターは，体験学習モデルに関する実践的知識を備えていなければならない。換言すれば，ICW 以外の人間関係トレーニングを体験したものでなければならない。

(9) ICW のファシリテイターは，いろいろな学習方法を知っていなければならない。前項同様，他の人間関係トレーニングに参加し，ICW 以外の学習方法も知っているべきである。

　ICW のファシリテイターには，異文化の人間関係における誤解

の原因になるような文化的相違に関する実際的知識が必要である。ファシリテイターが使い得る知識やものの見方はいくつかある。たとえば文化を構成している5つの要素を理解し，ICW を用いることである。5つの要素とは，(1) 自己に対するものの見方と感じ方，(2)社会や世界に対するものの見方と感じ方，(3)動機，(4)人間関係，(5)活動形態である (Stewart, 1971)。

　このような知識を持つことが，ICW の場に現れる文化的価値観や文化的仮説を容易に理解させることになる。

　ICW の最中に行う調停と介入は留意するべきものであり，重要なことでもある。ファシリテイターの行うことのできる，調停と介入に関する基準というものがある。(1) 質問と観察に基づいた討論を行い，その内容に関して行う調停と介入，(2)特定の参加者に対する質問や観察に基づく，個人への調停と介入。たとえば「森田さん，今の発言について，あなたはどう思いますか」という形での介入，(3)誰かの発言に対するコメントや質問という形での調停や介入。たとえば「鈴木さん，藤田さんが今言ったことについて，あなたはどう思いますか」という表現を用いる。(4)集団全体，あるいは集団の一部に対するコメントや質問という形の集団の調停と介入，の4点である。

ICW のトレーニング方法

　ICW の使用に適しているトレーニング方法は，ロールプレー，ブレーンストーミング，自主課題，非言語トレーニング，シミュレーションゲーム，ケーススタディ，心理劇と，ハルは紹介した (Hull, 1972)。

　70 年代から，10 種類のトレーニング方法が用いられてきた。

(1)参加者同士の文化的相違に関して討論をする。(2) ICW に参加している中で起きているコミュニケーションについて討論する（グループのプロセスという）。(3)参加者の社会・文化で，対人の衝突がどのように起こるか，意思決定はどのように行われるか，ロールプレーやシミュレーションゲームを使って体験したことについて討論する。(4)参加者の文化に特有な感情や気持ちの表現を比較／対照できるように作られたエクササイズを使って討論をする。(5) ICW の話題になる出来事について討論をする。(6)スケッチ，絵，作文など，集団としての創造的な活動をする。(7)いろいろな価値観を，参加者の文化における重要な順番に並べ，それぞれの参加者の並べた順番を比較し，文化を比較する。(8)参加者にフィールド体験のそれぞれ機会を与え，その体験に対する参加者の反応について討論をする。(9)ケーススタディについて討論をする。(10)心理劇を行い，討論する。

　これらの方法を用いて行うトレーニングの目的は，次の4点にまとめることができる。(1)参加者の文化背景の違いから生じる，特定のエクササイズに対するさまざまな反応について話し合う。(2)実際の異文化のコミュニケーションにおいて，他の参加者がどう感じるのかについて理解するのを助ける。(3)参加者の属する文化のものの見方や考え方を他の参加者に教える。(4)異文化の相互作用で学んだ感受性を一般のコミュニケーションで実践する。

　この中で，特に ICW では，異文化に対する参加者の感受性を高めることが重要である。

シミュレーションゲームによる教育

　シミュレーションはゲシュタルト，つまりホーリスティックなコミュニケーションという見方をする（Duke, 1989）。

　これは，コミュニケーションを，メッセージを送り，相手からのメッセージを受け取るといった段取り，あるいは順次的には見ずに，複雑な現象の細部を厳格に見ない見方，たとえば，1つの塊として見る見方である。

　シミュレーションは，コンフリクト，意思決定，言語行動，集団関係，文化価値など，幅広い現象を理解する上で，非常にダイナミックで，有効な方法である。固有の言葉，文法，意味体系，分析技法を持つという意味において，シミュレーションは「言語」であり言語を学ぶことにより，この世界を理解するように，「シミュレーションをする」行為によりこの世界を学ぶ，その結果，シミュレーションは教育，トレーニング，研究において用いられているのである（Crookall & Saunders, 1989）。

　一般的に，シミュレーションは全体的なカテゴリーであり，ロールプレーはその一部である（Crookall & Saunders, 1989）。シミュレーションは必ずしもロールプレーであることはないが，ロールプレーは常にシミュレーションであるということができる。

　異文化トレーニング以外の領域においても，シミュレーションは用いられている。たとえばビジネス（ビジネススクールを含む）と教育（心理学，コミュニケーション学，外国語教育）において，盛んにシミュレーションが用いられている。

　シミュレーションの使用には，倫理的配慮が必要である。シミ

表1　学習形態とリスク

（出典　R.M. Paige & J.N. Martin, 1983）

	行動形態	リスク	学習形態
1　レクチャー	受動／既知	低	知識
2　ディスカッション	受動／既知	低	知識
3　課題解決	能動／既知／開示	中	知識／情動
4　クリティカルインシデント	能動／未知	中	知識／情動
5　ロールプレー	能動／未知／開示	中－高	情動／行動
6　シミュレーション	能動／未知／開示	高	情動／行動

ュレーションゲームを用いたトレーニングでは，参加者によくわからない段階で，しかも初めての行動をすることを求める。そのような場で，積極的な参加も求める。シミュレーションは知識学習という面も含みながら，情動的，行動的な学習を最も重視するものであるだけに，学習の場における「失敗」や個人的な開示というリスクも伴うことを忘れてはならない。

　シミュレーションをそれ以外のトレーニング方法と比較すると，表1のようになる（Paige & Martin, 1983）。レクチャー（講義）という形態に比べ，シミュレーションは情動，行動の面を訓練するものであって，未知な状況で，能動的に，より多くの自己開示を求めるために，失敗というリスクも多い。それだけにシミュレーションの訓練は，いくつかの訓練法になじんだ後に用いるべきである（Paige & Martin, 1983）。

　最後に，シミュレーションゲームの評価に関する報告を紹介す

る。まず，ケーススタディとシミュレーションの教育法について比較調査し，技能習得にはケーススタディよりも，シミュレーションの方が優れていることを，ビジネスコースを教えているアンダーソンらは確認した（Anderson & Lawton, 1991）。

マネジメントの領域で，1950年代から使われ始めたシミュレーションを評して，ミラーらは次の3点を指摘した（Miller & Leroux-Demers, 1992）。(1)ビジネスシミュレーションは，教育においても効果がある。(2)ビジネスシミュレーションは，競争的な現実性を表現していると認められる。(3)シミュレーションを経験させることはレベルの高い動機を生じさせる。

シミュレーションゲームは，1991年後半の時点においても十分なトレーニング効果を評価されていないことをロビンソンは指摘し（Robinson, 1992），自身で評価法を検証した。その結果，(1)経済学者のインプット・アウトプット手法，(2)知識でなく感情を評価，(3)現実性，複雑性，融通性，構成といった点の点検，(4)フィードバックの使用，(5)参加者が評価するアンケートの採用，の5つは有効な方法であると評した。

次の4つのビジネスシミュレーションゲームは，国際ビジネスを理解させるために作られたものである。(1)国際的事業（International Operations），(2)多国籍のビジネスゲーム（Multinational Business Game），(3)多国籍のマネジメントゲーム（Multinational Management Game），(4)世界的なシミュレーションエクササイズ（Worldwide Simulation Exercise）。検証の結果，これらはシミュレーションのトレーニング項目の多様性や複雑性などを十分に備えたもので，教育材料として問題はないと報告された（Klein & Fleck, 1990）。

　チャップマン (Chapman, 1992) は，3つのシミュレーションゲームの構成と機能について取り上げ，発展途上国が直面する問題の本質を理解するには強力なシミュレーションであると報告している。ゲームの名称は (1) 環境革命ゲーム (The Green Revolution Game)，(2) 強制取り立て (Exaction)，(3) アフリカルチャー (Africulture) である。

　国際関係を理解させる目的で作られたクライシス (Crisis) というシミュレーションは，学際的で，比較的容易で，短時間に実施できる，よくできたものであることが，実験により証明された (Diehl, 1991)。

　ロールプレーやシミュレーションゲームの最終段階に行うデブリーフィングは重要な作業であるが，学術的あるいは体系的に取り上げられたことはない。そのような中で，機関紙が特別テーマとして取り上げ，その重要性を強調した。その特集では，(1) 理論と実際の体系的学習の最終段階というとらえ方，(2) 3つの作業の1つとしてのとらえ方 (シミュレーションへの参加，デブリーフィング，ジャーナル) などに関連する議論がなされた (Lederman, 1992)。

　バファ・バファというシミュレーションゲームを使って，グローバーらは，曖昧性への許容度，ドグマティズム (教条主義)，リスクテイキングの選択と優先という3つの側面への効果を調べた。その結果，曖昧性への許容度は高まり，ドグマティズムは減少した。しかしリスクテイキングの選択と優先に，影響は出なかった (Glover, Romero, Romero, & Petersen, 1978)。

　米国海軍基地のトレーナーたちによって開発されたセルフ・コンフロンテーション技法を一般の異文化教育と比較実験した報告

によると，この技法ではより高い学習効果が確認され，また学習した行動は少なくとも2週間持続された（Gudykunst & Hammer, 1983）。

トレーニングの分類

トレーニングが分類されたのは，そんなに古い話ではない。知られているのは，トリアンディスの行った分類である（Triandis, 1977）。その後，ビルとミッチが体験学習と知識学習という基準と，文化特定と文化一般という2つの基準を用いて分類した（Gudykunst & Hammer, 1983; Gudykunst, Guzley, & Hammer, 1996）。それが，（1）体験学習——文化一般のトレーニング，（2）体験学習——文化特定のトレーニング，（3）知識学習——文化一般のトレーニング，（4）知識学習——文化特定のトレーニングである。彼らによると，この2つの基準による分類は，当時使われている異文化トレーニングのほとんどを含めることができるという。

この分類に，具体的に今行われているどのようなトレーニングが入るか，見てみよう。

(1)体験学習——文化一般のトレーニング

伝統的な人間関係，ICW，複数の文化を対象にしたシミュレーション，米国空軍で用いている自己対決エクササイズがある。用いられているシミュレーションには，コントラスト・アメリカン（Stewart, Danielian, & Foster, 1969），バファ・バファ（Shirts, 1973）などがある。人間関係訓練の技法を応用した訓練法は，異文化トレーニングの中で，最も多く使われている訓練法である。この訓練法に関する著述が最も多いが，すべての研究者が賛同しているわけではない。その根拠の1つは，人間関係訓練や集

152

団感受性訓練は，西洋文化の影響が非常に強く，異文化で用いるには配慮が必要であるという点である。

(2)体験学習――文化特定のトレーニング

　2つの文化に限定したICWと行動アプローチ（David, 1972）がある。訓練方法には，イギリスのタヴィストックの応用，集団感受性訓練，Tグループなどがある。

(3)知識学習――文化一般のトレーニング

　異文化コミュニケーション，クロス・カルチュラル心理学といった科目に当たる。

(4)知識学習――文化特定のトレーニング

　伝統的な外国語の訓練，特定地域に対して行われるオリエンテーションがこれに当たる。外国語の訓練は，大学付属機関や語学研修所で行われる内容で，特定地域へのオリエンテーションでは，歴史や社会，家族，政治，経済などの領域に関する知識を習得させる。

　文化一般にするか，文化特定にするかの決定は，参加者の目的によって決まる。一方，体験学習にするか，知識学習にするかの決定は，ほぼ異文化トレーニングを実施する者が決める。ビジネスの研修を経験している者や，ビジネススクールやコミュニケーション教育を受けた者がトレーニングを担当する。

引用文献

Anderson, P. H., & Lawton, L. (1991). Case study versus a business simulation exercise: Student perceptions of acquired skills. *Simulations/Games for Learning, 21, 3*, 250-261.

Barndt, D. (1972). The cross-cultural communication workshop. In D. Hoopes (Ed.), *Reading in intercultural communication, 2*. Pittsburgh: International CommunicationNetwork.

Brislin, R. W., & Pedersen, P. (1976). *Cross-cultural orientation programs*. New York: Gardner Press.

Chapman, G. P. (1992). Doing is learning: Teaching development studies by the next best experience. *Simulations/Games for Learning, 22, 3*, 137-152.

Crookall, D., & Saunders, D. (1989). Toward an integration of communication and simulation. In D. Crookall & Saunders (Eds.), *Communication and Simulation*. Clevedon, UK: Multilingual Matters.

David, K. (1972). Intercultural adjustment and applications of reinforcement theory to problems of culture shock, *Trends, 4*, 1-64.

Duke, R. D. (1989). Game/simulation: A gestalt communications form. In D. Crookall & Saunders (Eds.), *Communication and Simulation*. Clevedon, UK: Multilingual Matters.

Diehl, B. J. (1991). CRISIS: A process evaluation. *Simulation & Gaming, 22, 3*, 293-307. In D. Crookall & Saunders (Eds.), *Communication and Simulation*. Clevedon, UK: Multilingual Matters.

Glover, J. A., Romero, D., Romero, P., & Petersen, C. (1978). A test of Bafa bafa. *Journal of Social Psychology, 105*, 291-296.

Gudykunst, W. B., Guzley, R. M., & Hammer, M. R. (1996). Designing intercultural training. In D. Landis, & R. S. Bhagat, (Eds.). (2nd ed.) *Handbook of Intercultural Training*. Thousand Oaks: Sage.

Gudykunst, W. B., & Hammer, M. R. (1983). Basic training design: Approaches to intercultural training. In D. Landis &

R. Brislin (Eds.), *Handbook of intercultural training, Vol. 1*. Elmsford: Pergamon.

Harrison, R., & Hopkins, R. (1967). The design of cross-cultural training. *Journal of Applied Behavioral Science, 3*, 431-460

Hull, W. F. (1972). Changes in worldmindedness after a cross-cultural sensitivity group experience. *Journal of Applied Behavioral Science, 18*, 68-87.

Klein, R. D., & Fleck, R. Jr. (1990). International business simulation/gaming: An assessment and review. *Simulation & Gaming, 21, 2*, 147-165.

Kohls, R. (1980). Issues in cross-cultural training. In N. Asuncion-Landel (Ed.), *Ethical perspectives and critical issues in intercultural communication*. Falls Church, VA: SCA.

Landis, D., & Bhagat, R. S. (1996). (2nd ed.) *Handbook of Intercultural Training*. Thousand Oaks: Sage.

Lederman, L. C. (1992). Debriefing. *Simulation & Gaming, 23, 2*, 141-211.

Miles, M. (1959). *Learning to work in groups*. New York: Teachers College Press.

Miller, R., & Leroux-Demers, T. (1992). Business simulations: Validity and effectiveness. *Simulations/Games for Learning, 22, 4*, 261-285.

Moran, R. (1974). Personality correlates and changes in worldmindedness after an intercultural group experience. Unpublished thesis. University of Minnesota.

西田司＆グディカンスト, W. B. (2002). 『異文化間コミュニケーション入門――日米間の相互理解のために』東京：丸善.

Paige, R. M., & Martin, J. N. (1983). Ethical issues and ethics in cross-cultural training. In D. Landis & R. Brislin (Eds.), *Handbook of intercultural training, Vol. 1*. Elmsford: Pergamon.

Robinson, N. (1992). Evaluating simulations and games: An economist's view. *Simulations/Games for Learning, 22, 4*, 308-325.

Shirts, G. (1973). *Bafa bafa: A cross-cultural simulation*. Delmar, CA: Simile.

Stewart, E. (1971). *American cultural patterns*. Pittsburgh: International communication Network.

Stewart, E., Danielian, J., & Foster, R. (1969). Simulating intercultural communication through. *Technical Report 69-3*, HumPRO, 8.

Triandis, H. (1977). Theoretical framework for evaluation of cross-cultural effectiveness. *International Journal of Intercultural Relations, 1*, 19-46.

Warren, D., & Adler, P. (1977). An experiential approach to instruction in intercultural communication. *Communication Education, 26*, 128-134.

〔付　記〕

ビルのこと，リッチのことなど

ビルからのメッセージ

　2005年1月に，ビルは死亡した。私は，その死を現実のもの
と理解できず，生きているときのように，しばらくEメールを送ろ
うとしたことがあった。

　1〜2行，文を書いて，ああビルはいないのだと思い至り，書
くのをやめることが数回続いたが，ビルが夢に現れることはなか
った。

　数年が過ぎ，夢に，ぼんやりとした向こうから，1つだけやっ
てもらいたいというメッセージが聞こえてきた。顔も見えない，体
も見えない，何も見えない，ぼんやりとしたものの向こうから，そ
のようなメッセージだけが聞こえた。耳を通して聞こえたようでは
なかった。自分の体全体でそう感じたという言い方が，当たって
いるように思う。ともかく，1つだけやってもらいたいという，ビ
ルらしきものからのメッセージだった。もちろん，その1つが何な
のかはわからなかった。

　さらに数年がたち，チャールズ・バーガーからメールが届いた。
これは，現実の世界である。編集する本がある，その中のビル
の理論について，総説論文を書いてもらいたいという内容だった。
驚くと同時に，これが夢の中の「1つだけ」の意味ではないかと
思った。私はそう直観し，迷うことなく引き受けた。後で考えると，
たいへん名誉なことで，ありがたかったが，その気持ちは，その

157

ときのEメールの返事には表現できていなかったと思う。

　ビルがバーガーの夢に現れて，西田に総説論文を書かせてやってくれと頼んだのだろうか。私の夢に現れたのも，彼の死後，長い時間がたっているし，バーガーの夢に現れて西田に依頼してくれと伝えるなど，さらにありえないことだろう。なぜなら，ビルの意志が，あの世からこの世にメッセージを送ることなど不可能だからだ。

　現実の世界では，もっと不思議なことが起きていた。

　バーガーからの仕事を引き受け，その仕事に取りかかってしばらくすると，イギリスの大手出版社から，同じテーマについて論文執筆の依頼が来た。執筆内容が，バーガーの依頼内容とは違っていて，その執筆には，膨大な時間がかかることが予測できた。

　同じ内容の執筆依頼が2つ同時に起こるものなのか。

　イギリスからの，同時期の依頼はまったく同じテーマだったので，急ぎバーガーにメールを送り，この依頼もあなたからのものなのかと問うた。当然，そうではなかった。

　同時に2つの課題を進めることはできなかった。つまり，イギリスからの依頼に応えることはできなかった。結局，バーガーから頼まれた執筆だけを最後までやることになった。

バーガーの編集したハンドブック

　ビルの理論について，西田が総説論文を執筆した本とは，どういう本か。

　それは，バーガーらの編著による，Wiley から出版された *International Encyclopedia of Interpersonal Communication* という本である。2016 年に出版された3部作で，1992 ページの

158

大著である。構成は，理論，プロセスと概念，コンテクスト，研究手法，展望となっていて，一般に社会科学の研究で明らかにする範囲をはるかに超えている。

Editors' Introduction から数字を拾うと，本書は 42 の理論を擁し，272 の理論に関する執筆項目は，全体の 15.44%，プロセスと概念の 272 の項目は，おおよそ 50%（45.58%）を占めた。また，おおよそ 35%（34.56%）はコミュニケーションのコンテクストで占められた。

研究手法は，ANOVA や MANOVA といった基本的な統計を載せずに 4.42% となった。

これで，合計 100%となる。

デニス・ガウランは，専門ジャーナルの Communication Monographs 誌や Central States Speech Journal 誌など，7つのジャーナルの編集長を務め，1991 年には Speech Communication Association の会長であった。彼の言うには，インターパーソナルコミュニケーションという分野は比較的新しい。1970 年に，ケトナー（Keltner, 1970）が *Interpersonal Speech Communication* という本を書くまで，コミュニケーション学の中で，この視点はほとんど注目されていなかったという。

学問としてのインターパーソナルコミュニケーションの定義は容易ではない。広義には，「互いに顔を合わせ，打ち解けた状態での，日常の平凡なコミュニケーションにおける，人間関係の形成，継続，解消に，言語，非言語のメッセージがいかに機能するかにかかわる研究」であるとガウランはいう。知人，友人，家族，同僚といった人たちとのコミュニケーションが研究対象である。

このフレームワークの中で，インターパーソナルコミュニケーシ

ョンの研究者たちは，さまざまなテーマと取り組んでいて，1995年頃（つまり，ビルが自分の理論を発表しつつあるとき）の研究テーマは，対人知覚，対人魅力，印象の形成と管理，個人の帰属，人間関係の発展，承諾の獲得，コンフリクト，交渉のプロセス，コミュニケーション能力の9つだった。人間関係の形成や発展，解消といったそれぞれの段階にコミュニケーションがどう機能しているかを理解することで，人とのコミュケーションにおける困難を最小限に食い止め，満足のいく結果を得るためにはどうするべきかを見きわめることができるようになるだろう，とガウランはいう。

静かなビル

　海外出身のハリウッドスターがインタビュー番組で語ったことだが，自分の親は自分が小さなときに離婚した。小遣いをもらえる家庭ではなかった。学校から帰ったときから親が帰宅するまで，常に空腹に耐えなければならなかった。そこで覚えたのが，壁の漆喰を噛むことだった。あたかもチューインガムのように。

　ビルの家庭がこれほどだったかどうかは，知らない。離婚した母親に食わせてもらった兄弟2人は，アリゾナ州テンピで成長する。全体的に，弟は弱かった。学校から帰宅すると，2人で，家の中で遊んだ。

　経済的な理由でアリゾナ大学へ行けなかったのか，成績が良くなくて，アリゾナ州立大学に入学したのか，ビルに聞くこともないまま，それきりになってしまった。目標が大卒だけの場合は，ひとまず短大に入学し，よい成績で卒業し，アリゾナ大学3学年に編入学をする。そうすれば，4年を終えるとき，就職先に提出する経歴書は，アリゾナ大学卒となり，アリゾナ州立卒よりも就

職に有利になる。もっとも，ビルは学部から大学院修士にすぐ入っているので，そんなことは考えなかったのかもしれない。

　この頃は，ベトナム戦争が続いていて，大学に入学して籍を置かないと，ベトナム送りになり，命を落とす。多くの黒人が高卒でベトナムへ行き，戦死している。ビルは大学院修士課程を終えた後，すぐに海軍に入り，横須賀に3年，その後，ミネソタ大のハウエルのところに行く。そこで私は，ビルに会うことになる。この間，時間的な空白はなく，ビルは戦場に行かずに済んだ。

　学部時代から勉学に励むようになり，この時期を乗り越えた。静かなビルが生き延びたゆえんである。

ぶつかり合い

　日本との戦争では，アメリカの黒人と白人は，戦場で命を懸けて，共に戦った。しかし，帰国した若者に対して，南部は相も変わらず，黒人を差別し続けた。戦場で対等の命のやり取りをしてきた黒人の若者は，昔に戻り，差別の中で生きていかなくてはならなかった。こんなところで生きていけるか，と思うのも当然である。南部から，多くの黒人がシカゴを目指した。1950年代後半から60年代前半に活発になった公民権運動により，黒人たちは憲法修正や選挙権などの法的平等を獲得していった。

　戦後25年，1970年に始まった私のアメリカ体験の中で，白人との正面からのぶつかり合いは，73年頃までが最も多い。ただし，アメリカの人種差別は，時期，場所，年齢，性別に関係なく起こるので，それ以降も何度か経験することになった。

　わかりやすいいじめは，短大に入学したときだった。学校に着き，科目登録をして，授業料を支払い，建物を出てくると，在校

生らしき白人の学生が目に入った。彼はキャンパスの出口の長椅子にどっかり座り，両側にかわいい女子学生を座らせていた。恰幅もよく，顔も体も大きかった。その白人学生は，「お前に名前を付けてやる。サムはどうだ」と私に言った。

そんな名前はいらない，リックという名を，ホームステイ先の家族からもらっていると言い返し，その場の空気が固まった。白人学生は，何も聞こえなかったように，「どうだ，サムは」と，さらに賛同を求めてきた。そして，一気に私に近づき，頬に一発かませた。痛みよりも，心理的な衝撃の方が強かった。2人を連れて去っていく白人学生が見えたとき、自分は負けたのだと認識した。自宅に帰るまで，頭の中は真っ白だった。帰るには帰ったが，どこをどう歩いたのか，覚えていない。その日はもう暮れかかっていた。

キャンパスクルセーダーのリッチの涙

キャンパスクルセーダーという宗教組織で活動している白人のリッチが，今日の午後3時に家に来るが，主人には許可を取っていない，許可を求めれば断られるに違いない，とホストマザーのデラは私に言った。彼女はその場ではノーと言わなかったが，リッチが帰った後，私に向かって，新興宗教グループに入るのはやめたほうがいいという。宗教に興味があるのなら，たまに，家族が行ってるこの近くの教会に行けという。このほうが安心だという。

今日は私が入信するという「合図」があった，それなら下宿している家に行くのがふさわしい，とリッチは考えたらしい。私は，そんな合図などどこにあるのか，どんなものが合図なのかわからないまま，適当に，下宿先に来てもらうことにうなずいただけだった。

　振り返れば，ほんの3か月前である。自分で作り，持って行っ
たサンドイッチを食べていると，リッチが話しかけてきた。それ
までキャンパスで，誰からも話しかけられたことはなかった。何
だろうと思ったが，私にしてみれば，話しかけられる，返事をす
る，このやり取りは英語の訓練であっても，生きた宗教体験だと
考える余裕はなかった。

　キリスト教について話すようになった。話の途中で，バイブル
のページをめくるようにしていたのに気づいたが，それが何を意
味するのか，考える余裕はなかった。私のなまぬるい返事に気づ
いたのか，30分もすると，リッチの方から，また会えるかと聞い
てきた。3日後の午後1時に，同じその場所で会うことにした。

　この後，4回，会った。私の返事は相変わらず，なまぬるかっ
た。そしてその次が，いよいよ午後3時に，私の下宿先に来る日
だったのである。

　リッチは，私の発する言葉すべてに，すごいエネルギーを使っ
て反応し，自分の知りうるすべてを駆使して説得を試みた。私は，
エネルギーを使わず，ストレートに入信しないと伝えた。

　リッチの奇妙な声がした。泣き始めたのだった。

　「自分は，この人は入信すると信じた。しかしこの人は，入信
するのを拒否した。こんな悲しいことはない。もう終わりだ」と
言っているようだった。私は，1つの英語のストーリーが流れて
いくように，リッチの泣くのを見ていた。そこには，まったく宗教
というものはなかった。

　私への3週間近い接近は終わった。クルセイダーズの1人であ
る，グリーンという女性を見かけることもなくなった。リッチと会
って話をするときに現れ，彼女の方から自己紹介をしてきた。彼
女の苗字のグリーンには，最後に e が付いている。Greene とい

う名のピューリタンは，最初の船，メイフラワー号でアメリカに来た人物で，400年も前のことになる。

　これを聞いた私は，すごいと思った。乗客は102名，乗組員25〜30名だったという。乗客102名の中の1人なのだから，すごいと思わない人はいないだろう。彼女は，東部出身の白人女性である。だから，その人物が彼女の先祖だったに違いない。

　一般的に，アメリカ人は歴史を自慢することはない。もちろん人による。どちらかといえば，東部に歴史を重視し，自慢する傾向がある。それも，人それぞれだが，自分の先祖がメイフラワー号でアメリカに来たことを，知り合ってそれほど時間のたたない相手に話すのは，何か意図することがあるのではないかと勘繰ってしまう。

　ところで，リッチが泣いたのには，私はいささか驚いた。かなり驚いたといったほうがよい。自分としては，もう充分説得できたと思ったのだろう。しかし，私にまったくその気はなかった。リッチは，自信が壊れて泣いたのか。

　もともと入信はないものという前提に立っていた私は，1〜2回，あいまいにイエスと言ったかもしれない。それをリッチが手ごたえと感じたとしても，私のイエスは積み重ねのイエスではなかった。リッチを泣かせることになり，申し訳なかったが，リッチの心情がよく理解できなかった。リッチとは，これが最後だった。これ以降，キャンパスクルセーダーの人から私への話しかけや入信の誘いは，アメリカに滞在中，一切なかった。

　リッチもグリーンもいない，この人たちの集まりに，ミネアポリスで出会ったことがあった。最近入信したという日本人男性の留

学生がいて，よくしゃべっていた。それだけに，入信を受け入れ
やすい人物だと思った。シェラトンホテルをシャレイトンホテルと
発音していて，滑稽だった。アメリカに来て，まだあまり時間が
たっていないのだと思った。

　私は下宿先の主人や家族がたまに行く近所のチャーチをのぞい
たことがあったが，それもそれだけで終わってしまった。入信す
るとかしないとかにはならなかった。もともと宗教に興味はなか
った。

注

Berger, R. B., & Roloff, M. E. (Eds.) (2016). *International Ency-
　clopedia of Interpersonal Communication*. UK: John Wiley &
　Sons.

ガウラン, D. & 西田, 司 (Eds.) (1996)．文化とコミュニケーション
　(Culture and Communication)．東京：八朔社．

Keltner, J. W. (1970). *Interpersonal speech-communication:
　Elements and structures.* Belmont, CA: Wadsworth.

あとがきに代えて

アメリカに行った三島の学生たち

「こちらに来たい学生はいるか」

　質問なのか，誘いなのか，ビルからのメールが届いたのは，国際関係学部の一期生が卒業する年だった。

　アメリカに行きたい，とその学生が先に言ったかもしれない，あるいは学生が迷っていたので，行きたいのならビルにコンタクトするからと，私が言ったのかもしれない。ビルはビルなりに，日本からの留学生がビルのところに来るのはいいことだと考えたのかもしれない。

　それぞれの思惑で，この女子学生の計画を応援した。

　私は，ビルがこれだけ留学に尽力してくれているのだから，博士号を取るまでアメリカにいて，ビルの研究を手伝い，その後で帰国すればいいと思っていた。ビルが尽力したのは，足りない英語力のための猶予期間の設定である。

　トーフル600点に届かないから，アメリカでは1年間の猶予を与える，英語の科目を1科目履修し，1年後にその点に到達せよ，という猶予期間の提案である。最初から院生として扱うのだから，1972年にアドバイザーのカースティーンから私がもらったスペシャルスチューデントのステイタスよりもましである。

　この女子学生が小池浩子だった。

　次の年も，１人の男子学生をビルに紹介した。国際関係学部の便せんに，生徒の英語力は低い，しかしチャンスを与えてもらえれば，並の学生よりも努力するはずだという内容の私の手紙を添えて，フラトンの学科会議にかけ，猶予期間の件をパスさせた。

　彼は，すべてのことは，自分の努力で手に入れたのだという解釈を，体中から発散させていた。その解釈は，卒業して，日本に帰ってきてからもぷんぷんしていた。私は，この学生の名前を，自然に忘れていった。

　この２人の後に，坂井二郎，守﨑誠一，小川直人，小栗美佳が，カリフォルニア州立大へ行って，ビルのところで修士を終える。先の２人を除いて，一度も，私は猶予期間の手紙を書かなかった。その気はなかったし，ビルも求めなかった。関わらなかった分，この人たちが何をしたのか，私は知らない。しかし彼らが今社会に認められている点は，先の２人と明らかに違う。イリノイ大学のトムのところに行った芦野裕一という変わり種もいた。

海外研修と参加学生

　私の勤めた大学は，日本で最初に国際関係学部ができた私立大学だった。学部が学部だから，外国語ができて当たり前という考え方が勢いを持っていた。国際なのだから外国語だ，というわけで作られたのが，海外研修プログラムである。

　大学は，研修を旅行会社に，そして英語プログラムをイリノイ大学の付属機関に依頼した。研修は，証券取引所や企業の訪問，そして英語プログラムは付属機関による３週間の英語研修という内容になった。依頼を受けた旅行会社とイリノイ大の語学研修所は，依頼に沿った安直なプログラムを作り，国際関係学部の要望に応じた。

その結果，かわいそうに学生たちは，1982年当時ベストのものを提供されたのではなく，古い教員の頭の中にあった古い英語教育が提供されたのだった。私が参加した体験協会（拙著『不確実性』参照）は，既に1970年に，より優れた内容の研修を提供していた。単なる証券取引所や企業への訪問ではなく，関係者が学生の前に出てきて，講演，あるいは講義をした。質疑応答までセッティングした。70年のプログラムには，4週間の語学研修だけでは足りないと，さらに4週間のホームステイも含まれていた。

　大学の海外研修の引率者として，私は3回参加した。1回目は，学部の第2回海外研修だった。まだ始まったばかりで，今後改良を加えていくような雰囲気も学部にあり，求められてはいなかったが，帰国後に報告書を提出した。内容は，上記のような点について，その一部でも取り入れないかという提案だった。2回目は，1987年の第7回海外研修だった。しかし，研修内容はまったく変わっていなかった。学部の執行部に入らなければものごとを動かせない，まったくフリーズ状態の組織だった。

　第7回にもなると，引率者としての教員は1名に減らされていた。第2回は，3名の教員が四六時中，学生を見ていたが，それはナンセンスだと大学が理解した結果だった。経費の減額という点は，わかりやすく，賛同されやすかったのだろう。

　このような背景があっての，1人の引率であった。その頃の証券取引所や企業研修は，建物を見るだけという研修にまで落ちていた。大学は，語学研修所に丸投げしている英語研修だけは，何とかまともに行われているだろうと思い込んでいた。

　そんな中，1987年7月2日，第7回海外研修は出発した。参加学生は，第1回に比べると30名と，激減していた。中西部の

ど真ん中，アーバナシャンペインに着き，学生寮に入った。

　私の宿舎は，なぜか学生たちから切り離された，キャンパスに隣接するホテルだった。切り離された状態で，毎朝，授業を受ける学生たちを見に行くことが，だんだん面倒になった。朝は8時に起きるが，朝食の後，ホテルのロビーでついウトウトした。そうすることが気持ちよかったのか，次の日も，そしてその次の日も，昼寝が続いた。

　これではいけない，何かしてあげなければと企画したのが，シカゴに遊びに連れて行くことだった。レンタカーは，緊急時のために，1台自由に使えるようにしていたので，4〜5人を乗せていくのは簡単だった。

　思いつくや，顔見知りの学生に声をかけ，シカゴに向かった。自分1人で，4人の接待をするのは，かったるい。そこで，かつての指導教官であったトムに連絡し，何とか協力してもらえないかと，給油中のガススタンドから電話した。もう1人の指導教官のサンディは，こういうとき動かないが，トムは動いてくれるという読みが当たり，しかもチャイナタウンまで来てくれたので，そこで食事をおごってもらうことにした。事前に相談はしていない。そうしてくれないかと現地で頼んだところ，トムは快く引き受けてくれた。

　トムと別れ，4人を乗せて，ダウンタウンを回り，学生寮に帰ったが，日は暮れていた。そのときの4名が，村田和正，川瀬史子，相馬美香，椋本浩一である。この4名はその後，社会の波も乗り越え，元気である。この4人の近くにいたのが，佐藤理佳である。

　この研修の最中，やってはいけないことをしてしまった。バス移動の際に，何の気もなしに，後ろの席から万金丹を投げ，女

子学生の服の中に消えてしまうことがあった。その薬が臭く，その女子学生は本気で怒った。周りの学生は，この学生が怒れば，そう簡単に収まることはないと知っていて，誰も，何も言わない。私は，彼女の怒りにずっと耐えた。この女子学生の名前は覚えていない。

院生たち

楊悦，張恵蘭，Bui Thanh Huyen（ブイ・タン・フェン）という3名の女性は留学生で，三島で学位をとり，2名はそれぞれ台湾とベトナムに帰国し，日本語教授と日本語に有能なビジネスパーソンとして活躍している。楊悦は中国東北の出身者で，日本人男性と結婚し，こちらで子育てをしている。

　日本人の院生たちには，三島に来るそれぞれの理由があった。アメリカ工場の立ち上げを経験し，定年後に学位を取得した船田堅司，社会人プログラムに参加した伊藤博幸，高校教諭になることを目標にした栗林ゆき江がいる。さらに，最終的に博士号を目標として，本学あるいは他大学で研鑽を積んだ者に内藤伊都子，笠原正秀，磯友輝子，河村真千子がいる。人生でいろいろなことをする途中，ここにいた鳥居利江，安川有，また，学部生のときOVTAの助手をした寺尾順子がいた。

　以上のような分類といったことができるわけではなく，しかし，何となく私のゼミに入り，何となく何十年も年賀状を交換してきた人たち。

　大学卒業後に，年賀状を出し続けたことが，せめてその人たちの子供にいい影響が出ていれば，それはすごいことだと思う。60歳になったとき，私の方から年賀状の交換はやめようと告げた。

写真④ 還暦の祝賀会。卒業生の勤めるホテルに，たくさんの人が集まって祝ってくれました。（横浜ロイヤルパークホテル 70 階にて，2008 年 7 月 26 日）

それが次の 12 名である。

　門川麻里，大嶽龍一，加藤桂子，梅野 誠，市川 桂，子安義雄，木村ひろ子，大嶋 貴，平林光子，長谷川留美，大里早苗，森 智彦。

　みんなお疲れさま。

　令和 6 年 3 月 9 日

著　者

〔著　者〕

西田　司 (にしだ　つかさ)

1948 年生まれ。1972 年、73 年と、イリノイ大学シカゴ校でサンディ・ホーウィト先生から、インターパーソナル・コミュニケーションについて学ぶ。マーシャル・マクルーハンの *Culture is our Business* という本を教科書にしていたのには驚いた。サンディは、その後すぐにワシントン D.C. に移り、下院議員のアブナー・ミクバのスピーチライターとなる。政治家ミクバは、戦後長い間日系人に対して残っていた不平等な法律の修正に尽力したと、シカゴにいるときサンディから聞いた。サンディは、*Let them call me rebel: Saul Alinsky—His life and legacy* の著者でもある。サンディと著者の交友については、『不確実性』（八朔社）に詳しく書いた。

ビルが 2005 年に死亡して 10 年ほどたったとき、チャック・バーガーから直接メールを受け取った。それは編集長の立場からのメールで、ICA の *International Encyclopedia of Intercultural Communication* を編集することになった、ついてはグディカンスト理論について総説論文を書いてもらいたい、ということだった。

その結果が上記の 2016 年発行の 3 部作になり、西田の執筆部分が 10 ページとなった。ビルはこの理論を、主に 1990 年代に構築するが、いくつもの段階でチャック・バーガーと交流し、互いに認め合う学者だった。ビルが元気な頃、学会でバーガーを紹介されたことがあった。

著　書
『不確実性』（八朔社），『グローバル社会のヒューマンコミュニケーション』（共著，八朔社），『比較生活文化考』（共編著，ナカニシヤ出版），『非言語コミュニケーション』（共訳，聖文社），『異文化に橋を架ける』（共訳，聖文社），『親密化のコミュニケーション』（寺尾順子と共著，北樹出版），*Bridging Japanese/North American Differences*（W.B. グディカンストと共著，セージ），『文化とコミュニケーション』（D. ガウランと共著，八朔社），*Communication in Personal Relationships across Cultures*（W.B. グディカンスト，S. ティン=ツーミーと共著，セージ），『異文化間コミュニケーション入門』（W.B. グディカンストと共著，丸善）

不確実性の理論家たち
バーガーとグディカンスト

2024年6月24日　第1刷発行

著　者　西　田　　　司
発行者　片　倉　和　夫

発行所　株式会社　八　朔　社

101-0062 東京都千代田区神田駿河台1-7-7
Tel 03-5244-5289　Fax 03-5244-5298
http://hassaku-sha.la.coocan.jp/
E-mail：hassaku-sha@nifty.com

ⓒ西田 司，2024　　　　　　組版・鈴木まり／印刷製本・厚徳社
ISBN 978-4-86014-116-5

八　朔　社

文化とコミュニケーション

デニス・S・ガウラン／西田　司編著

一九二三円

第1部は、5つのコミュニケーション（対人、グループ、パブリック、組織、異文化）領域の歴史的主要命題のレビュー。第2部では、言語・文化・コミュニケーションの3つの領域における新しい議論を展開する。

グローバル社会のヒューマンコミュニケーション

西田　司／小川直人／西田順子著

二三〇〇円

コミュニケーションという現象を深く理解できるよう、不確実性の減少と制御という観点から、文化背景の異なる人を含む、初対面のコミュニケーションを解説。実践に基づく異文化トレーニングの教育と訓練プログラムも提示する。

消費税込みの価格です

八 朔 社

西田 司著

不確実性

異文化コミュニケーションとの出会い

一九八〇円

コミュニケーションをするとき、人は必ず不確実性を経験する。特に異文化に接したとき。その不確実性は顕著である。本書は、若くして単身渡米し、不確実性の横溢する社会でもまれ、やがて専門であるコミュニケーション学を確立するまでの、苦くもたくましい青春奮闘記である。

消費税込みの価格です